林祖藻　主編

明清科考墨卷集

第三十五冊

卷一〇三

卷一〇四

卷一〇五

LITERARY TIMES
蘭臺出版社

第三十五冊 卷一〇三

樹藝五穀　民人育

觀靈集　朱載基

詳樹藝之功民賴以生矣夫五穀以樹藝生樹穀勤而民人育功在養民者已如此且天有生生之量而物與人皆託其生生之恩者也始以人生物而人力培物力之原繼以物生人而物力酬人力之苦詳生生之法廣生生之功即以大生生之用而可以生一世之人者亦可以生萬世之人后稷教民稼穡教民也非同民也民以穀為生故教之穀以熟為斷必樹藝之而穀必備以五者何也天運有乘亦有除備數時之供乃得享一時之獲火昏中而黍可種虛昏中而麥可種一年屢易其宜月在寅而禾始生月在亥而麥始生數月輒殊其候循天時而次第布之多為之備以巧為之防帝世所以有偏災而仍無險歲地

布之多為之備以巧為之防帝世所以有偏災而仍無險歲地
利有厚亦有薄此土之宜未必為彼土之宜西北氣寒宜早穫
東南氣暖宜晚收地各以寒暖異荆揚性濕宜植禾雍冀性燥
宜植黍地又以燥濕分相地利而斟酌用之穫享其同而種區其
異國家所以無曠土而少飢民是特患其不熟耳熟矣而民人
有不育者哉上古未開渾噩茹毛飲血有不火食者矣然偶食
固覺其可貪久食轉覺其可厭肥醲甘脆皆有久則思變之情
濃以敗不若淡以成也穀之味真真則無奇故情不貪而享之
有節穀之味旨旨則彌永故情不厭而供之可常所以艱食與
鮮食同稱而山海之珍不先高粱而稱瑞近世宗尚清虛撰粟
攢梨有不粒食者矣然兼用則亦資其養專用則反受其傷草

木果蔬皆有過則為災之慮雖受損不若純受益也穀之性正能養氣不虞傷氣而疵癘不能侵穀之性良能養神不慮傷神而神明必多壽所以木實與穀實並用而田疇之利獨懷古后而銘恩若是者散之為物聚之為民生內之泯猜嫌爭奪之憂外之通緩急有無之用物力衰而凌競起茲則秬秠穎栗皆屬田家所自有之資我不忮人人無忌我家各有百畝之分則人並享十千之奉也而理農兼廣理財之法民生溥而推解衰茲則釜庾倉箱不過尋常無足異之物人能求我即我可分人三年之蓄有餘資則百困之指非奇節也而農政可補荒政之窮然而聖人固依然不並耕之聖人也

遷于喬木者

縣考香山第一名　吳寶濂

喬木當遷詩言足會矣夫喬木異於幽谷遷之誠是也詩言不足會乎且境不極乎至高不足以言處境身不居乎最上不足以論宅身夫惟一枝可借擇巢不離擇術之明百尺高樓物情堪作人情之鑒功符漸進吉叶升階一時遷地爲良彌覺差強人意矣吾所聞者豈第出於幽谷哉山靜[illegible]深亦屬幽禽之窟宅顧藏身雖固恐日即於卑污而託寄偏高乃漸居於爽塏也則棄暗尤貴投明也窮鄉絕壑非無倦鳥之思還顧飲啄自如舉世莫施矰繳而飛鳴自適一己尤賴轉移也則舍舊易若圖新也遷於喬木前聞不又可默會乎蓋在彼即物言情覩此喬

木之葱蘢宛示以可羨可欣之致故繼谷而言木者境不限於高由出而言遷者機尤妙於轉也而長言永嘆若於豐草長林之下自適其天而在[illegible]讀書有會惟此喬木之鬱秀早示以愈趨愈上之情故遷而[illegible]於喬木者已見憑依之善喬木而始遷者不甘識見之拘也而考義徵文若於徠松甫柏之間獨鳴其志清虛寥廓之區何在不鳴其志趣況示我以遷者明明有喬木也夫舍卑就高羽族祇適自然之故而參稽互證不啻以物情之取舍隱定當局之從違則博引旁徵舉凡山梁之雉知時泮林之鴞懷我無非遷地之良也前言不可深味哉邱隅岑蔚之地亦足以見其綿蠻況引我以遷者明明有喬木也夫去彼適此羣鳥第安得止之常而比例參觀不啻以物類之棲遲隱

適此羣鳥苐安得止之常而比例參觀不啻以物類之棲遲隱定當途之決擇則高吟密詠舉凡黃鳥之傷止棘鳳凰之喜棲桐皆有擇木之智也古人不如詔我哉而奈何有下喬木而入幽谷者此亦異乎吾所聞矣

正喻夾寫寄託遙深

○○○擇其善者而從之

粵東繆宗師月課 張星煥
羅定州學一名

長善之師先有于已矣蓋善者取法之師也擇而從之其師不已在哉且自形生神發以來萬善具備固反之已而自足亦資之人而有功不必見之羹而見之墻也惟審之明而仰之切焉耳矣吾謂三人行必有我師者夫亦謂三人之中固有善者焉居恒誦讀孰無賢哲之慕然心慕之不如其身遇之也即類聚之交遊而擇之不可以不精至德可嘉疇無欣羨之情然徒羨之不若其寔有之也觀儀型之不遠而從之不可以不力善不必其在大也風華之幟固覘含章辭氣之恒亦象藹吉彼徽而呈之我徽而察之夫

疏善字有分寸

平居獨行惟恐人見恒茫然不知取則也乃出門之日而忽覩
有德之言則心為之寫而思與之齊迹其議論風旨一若保傅有
臨凝承有弼彼歌邂逅相遇我歌亦我周行矣善不必其及遠也
威儀之淋固驗德隅尺步之微亦徵莊敬彼無心出之我有心覺
之夫一室潛修惟畏人知恒惘然無所觀法也乃言邁之頃而忽
接夫有道之容則神為之契而情與之偕迹其衣冠瞻視不啻鼓
蘧示孫夏楚示威彼賚攜手同行我咏高山仰止矣由是而人之
善其即為我之善也則我之師不可必于行之時也乎天下雖有
至奇極美而不羅列于吾前則歡忻艷羨之意無自而生今則與

善同行甚幸其與我相親也芳馨在前而採者不碩有是理乎人世即有可甘可悅而不深嘗于其中則觀感慕效之心無由而奮今則主善為師惟恐其與彼不相肖也典型在望而棄之如遺豈人情哉蓋善在詩書猶煩參攷而覿面更真從在師保猶屬矜持（到底不差）而同人獨切擇而從之善者固我之師也而豈獨善者乎哉

通体潤雅耐人尋味非第捲三重格也 原評

布局懸措詞雅逐字洗刷推勘入微倍歷三斗浣滌殆盡矣子弟讀此明慧定增十倍吾願有訓廸之責者急棄臭腐而取新鮮庶乎能知所擇而不負是集之苦心也夫 張羲傳

儒者之道古之人若保赤子　腴使集　唐　棣

想其意以向不敢亦當粗得儒者之旨歎古今固無異道耳設使果有異道則從來挾其道以臨民者必將獨持乎君道而深明其分斷不至混同乎父道而概乎以恩胡乃至道昭彰彰在昔其所為畧分用恩者直舉君道父道而統以貫之也夫君道保民者也父道保赤子者也乃吾觀古之人而不禁穆然於儒者矣從前儒術未興其時渾噩成風宇宙何分畛域無端而高卑定位無端而貴賤殊途行其義者遂顯訂夫修齊平治之經而釐然不相假天下竊疑其道之獨尊焉後世儒同既盛其徒紛紜立說心性漸即淪淪浸假而朝野隔若天淵浸假而家國視猶秦越從其教者

遂嚴別天内外上下之分而較然各不相蒙天下或議其道之有
辨焉若是乎吾身之倫理無與於斯世之性情也溥海之生成難
語於庭闈之恩誼也而大君之於庶民絶非有家人婦子之歡與
夫提攜保抱之事也雖然孰是説以論儒者之道則盍與觀上之
人古之人道立於己早合天下之痾癢顛連而默焉相通以性原
不待躬謀瑣屑下同於噢咻以嫗之徒古之人道措諸世寔統天
下之悲愉欣戚而羣焉各懷其天直不啻身下堂階徧給以鞠育
恩勤之事夫不嘗曰若保赤子乎治道有何高妙祇此痌癢相關
之至意寔普天下而皆同向亦疑篤志儒修或亦別有心法耳乃
觀於古而其道固不外人情也夫人君高宮端拱須文武者奉為
聖神胡為畧昏皇煌帝諦之名獨以為象闕推恩有如骨肉古之人

若曰此芊芊而寢食豈伊異人也乎啼飢而待我哺之號寒而
待我衣之即較諸屬毛離裏之相依其懷古[illegible]不過若是也斯道
而昌明也彼服儒服而冠儒冠者不可勝參[illegible]縱王道詎有神
奇惟是休戚與共之至儒[illegible]是統闔閭[illegible]亦疑尊精儒業或
亦別異淵源耶乃觀於古而其道甚[illegible]茲至理也夫小民部屋環
居明勢分者鄙為愚賤胡乃引古[illegible]黎之鬼獨以為虎門懸語
歟洽倫常古之人若曰此被色而別聲者豈關他族也乎制田里
而我撫安之立學校而我[illegible]理教之即儕諸世胄天潢之至貴其誕
保亦不過若是也斯道而[illegible]章也彼紹儒宗而敦儒行者不已守
為成規哉子儒者也當明古人之所謂矣

學則三代共之　人倫也　　新潁集　陳　豪

國學不以代而殊立教之意可原也夫設學之名三代不易國之所以異於鄉也而其教不外明倫不可於異見其同哉且京師稱首善非一黨一鄉之所得擬也而其地有遠近其制有沿革其教則無彼此之殊故以一人成一道之風上國煥宮牆今古不嫌其相襲而以五常正五方之俗大昕擊鐘鼓聖凡本出於同原由胡廷以下推境內而知先王立學之意有異名者究無異理也曰校曰序曰庠三者皆以國中爲之主而分其教於鄉也試徵國學幾輔賓四海人材之藪書升論秀皆以次而近天子之光故在鄉則士即爲農在國則士皆有位體統愈尊規模愈大雖經聖主賢王之遞嬗而不必輕議其變更神京爲萬邦式化之區拜老臨雍咸

之遴壇而不必輕議其變更神京為萬邦式化之區拜老臨雍咸
聚而聽經師之講故在鄉則見聞皆陋在國則氣象自殊觀瞻益
衆制度益崇雖當河山日月之重新而未嘗不安於仍舊今夫易
其時不易其名者國學與鄉學同而異也殊其地不殊其教者國
學與鄉學異而同也頖水有車旗在後世視為故事不知比閭族
黨化澤實由此而推尊之以不變不遷而列聖之規為彌重人文
期造就在先王並不求全故凡才智聰明責望轉非其本意牖之
以天秩天序而大君之教術乃端興人倫之明國與鄉豈有異乎臣
竊於此得三代之所以興矣且夫圜橋璧水原非為聳動觀聽之資
入成均而窺遺制微特國之人首培根本即學之分設鄉隅者其
所為教孝教弟究何以易之也至於今異端競尚古義蓋無復存

矣然而緬瞽矇之奏鼗鼓如聞懷芹藻之休饗旂猶在試追維夫
建寅建丑建子之朝其大端猶可綜而言也否則身爲天子孰與
抗尊獨至太學親師不恤降萬乘而退居弟子之列豈無故哉誦
詩讀書亦非爲文采風流之助游辟雍而溯本原徵特國之治首
振綱常即學之周於鄉邑者其所爲知愛知敬曾未容歧出也至
於今七國爭雄文學益廢不講矣然而四時釋奠仍傳習禮之文
三物興能未改飲賓之典試推求夫尚忠尚質尚文之世其本旨
固可悠然會也否則身列士林貧慚懿行縱使文章華國不過游
六藝而差免譾陋之名亦奚當哉至於倫明而民親則又教學之
功也

學則三代共之　明於上　玉茗集　魏漱芳

國學與鄉學無二致而明倫則在於上矣夫三代之學雖與庠序校殊而其明倫則一也然則人倫之明不可以驗為上者之德今夫學問中事即倫紀中事也古今共此倫古今又何嘗不共上之學哉蓋建學非一代之規而敦倫實一人之責伊古聖人顯庸創制而其教術之永延於不墜者朝廷與鄉黨無同法而有同學夫亦惟循循於軌物之中而顯示以綏猷之極而已矣庠序校之設三代之不同如是是皆有所以也顧鄉學由農而入士黨閭有漸司徒喻以倫序之修而國學由士而入官培植既深且益厲夫帝之德上之人因時制宜於明倫昭其重又何嫌於設學別其名哉而

孰知學則三代共之也時勢亦升降所由分然禮樂詩書三代不外此淑性陶情之具是學可以處其同即庠序校亦可以處其異也而疇衍攸叙典命敬敷詩歌雍肅夏殷周於以培敎化之源焉法制典數傳而不變然干戈絃誦三代要即此漸仁摩義之方是學不必强為分即庠序校亦不必强為合也而謨陳正德猷宣恒性敎本迪彝夏殷周於以立訓行之準焉是則學之與庠序校三代之沿革雖殊而要之皆所以明人倫也吾見斯時也泮水與膠辟雍造士博我以皇道宏我以冋京廟堂之上雍雍如也即至比閭族黨之間亦得於水耕火耨之餘覲里巷庠序之盛一時學校如林庠序盈門一二覯風問俗者流相與嗟嘆於其際以為非甚盛德其孰能與於此猗與休哉此非人倫之明於上哉尚忠尚質

尚文三代遞更其制度而獨至人紀人綱之重實足維繫於無窮明之者宜操其本焉夫於論奏鼗鼓之途思樂聆鸞旂之韻古聖王型仁講讓明堂之誥誡要即從圜橋之觀聽而深而況大昕警衆學兼乎校澤宮造士學兼乎序天子臨雍學兼乎庠不已於人倫資其化導也哉尊命尊神尊禮三代遞嬗其規為而獨此天秩天序之經實足相沿於不敝明之者宜裕其原焉夫西土脫虎賁之劍南國興麟趾之歌古聖王布化立獻堂陛之儀猶無非本宮廟之敬恭而著而況司馬書學備於校懸鵠表正學備於庠扶鳩敬老學備於庠不且於而樹厥典型也哉一進觀其效公爲於學興庠序校加之意乎

學校

擷[illegible]集　竇宜亭

更舉國與鄉之學視庠序而尤廣矣夫國統於鄉而鄉統乎黨遂者也有學有校不較庠序而尤廣乎孟子對文公曰臣嘗言一國之善士一鄉之善士是雖國與鄉本鍾毓靈秀之區抑亦撫此國與鄉者有譽髦人材之地也自化澤湮而於論不奏國學日就於衰政治替而游議日多鄉校幾至於毀固不獨黨有庠遂有序之急宜復古也試觀於國國者統乎黨與遂并統乎鄉者也體制獨尊而貴賤並居其內有名分以分之而無道德以口之將貴者情多恬侈不克優游禮樂之場賤者習為惰游未能揖讓詩書之府其如此國何是不可以無學且夫國亦何

必設學哉名鄉黼黻盛朝而四方力學之徒爭出公門之下彼
躬握鑒衡者且賴其賢才以黼國焉而要豈若學之氣象為更
宏乎拜老臨雍天子身親乎講讀是故以君之尊而屈於師也
辨材任事司徒時拔其英奇是故以官之眾而取於士也蓋自
學之法行而王公之諸子大夫之元子悉下齒於士庶人而論
俊論秀其人遂入之成均令之在學者向或在校几鼓篋肄業
者孰不奮發而觀其光也異日者輶軒戾止入其國而陳民風
以觀有干羽之容無衿佩之刺皆於此學基之已更觀於鄉鄉
者統乎黨與遂而屬於國者也戶口既廣則頑秀雜處其中有
習俗以固之而無學術以聚之將頑者澆風益甚不得聞鐘鼓
之聲靈秀者昭質易虧無自望車旂之顏色其如此鄉何是不

可以無校且夫鄉亦何必設校哉匹夫誦絃下邑而千里從師之士爭趨有道之廬彼邈望衡宇者且即其姓氏以名鄉焉而要豈若校之規模為更廣乎勞形在案牘怱從事於琴書是故吏而有師之責也操業在耰鋤怱習儀於俎豆是故農而有士之心也蓋自校之法行而會民之州長聚眾之閭胥悉受灋於鄉大夫而興賢興能其書直登之天府始之在校者後即在學凡負耒橫經者豈猶伏處而匿其秀也異日者幽暗餘閒觀於鄉而知王道之易洗草茅之陋擷芹藻之香胥於此校致之已有學而校之師教者升於國有校而庠序之師教者亦由鄉而升於國此教化之所由域也

學問之道無他　一節　周　彬

以學問求仁心存而義亦全矣夫心放則仁失而義亦失矣而學問皆所以求之放其心者可勿知耶孟子謂夫人得天地之性以有仁義之心雖生安者不廢學也而況在放其心者乎乃人往往息於學問者得毋以古與稽而今與居簡編唔對半為聞見之功言可道而行可法踐履難勤猶是應酬之務而不知心之神明不開則昧昧則茲而非學問無以致其心之知一心之真宰不用則佚佚則放而非學問無以去其心之妄朝而講貫夕而習復豈有他哉外問萬理之紛正所以內禁一心之往實踐乎倫常致謹于日

題旨補出一層理極周匝

翻入振起無他而已矣之神

刻發題蘊

入未三分身

知行分項一線

精卓

用豈有他哉於事逆應而無不當正所以使心百擾而無一舍靜

包蕭祈有旨粹然儒者之言

而全體中存雖覩聞未起必有涵養之學焉敬以直內道所為求

之未放之初也動而大用常行雖物感紛投必有審幾之學焉義

發明此四語横闢無

以方外道所為求之易放之際也夫而後知名象非為祖述詩書

前

非為具文考德問業非為立名節性閑情非為矯飾蓋學問之道

歸宿

撥却此兩字題旨愈醒

以求仁也即以求義也彼夫致虛守寂遺學問而制其塊然之心

否則玩物喪志務學問而忘其事心之道仁失而義與之俱失則

亦未明乎學問之道也夫

非學問之道只一求放心乃是學問之道皆所以求放心也認

題既清大。闡濂洛關閩之旨。其言簡質明淨。直是削膚見骨。去
滓存液。徐日如

學問之

學問之道無他求其放心而已矣　第五名　居進業

道有無待外求者而不知求者宜返矣夫學問務博而心守於約也求放心而道在是矣又奚待外求哉且千古學問中人大抵能求其道之人而實能求其心之人也虛其心為載道之府心遺而道無所歸實其心以赴道之途心馳而道何由守然後知以心求道必先以心求心惟返其為道為馳之心則其心全其道全而學問亦於是乎全今夫人競言學問矣亦思其所求者果有妄為求果有於　乎果有法為求果有苟為求也乎而無如冥心者之妄為求也恃類悟而心入虛無弛修為而心流脫略異學者心多冥

冥則放矣若是者蕩甚而無如斂心者之急爲求也炳然者一心精於訾靡然者一心墮於因循曲學者心多歧歧則放矣若是者頹甚且無如俗學之泛爲求也由寂之感者心爲主持不力則心潰其閑矣由靜之動者心爲緣守不堅則心聽其宅矣彼俗學有非滯也是怠甚且無如僞學之苟爲求也心之出入也無時引其入則出者竟出矣心之離合也無象不期其合則離者終離矣彼僞學何自欺也是殆詭甚蕩也類也隱也詭也皆有背於道也又奚足以言學問哉且學問之道界安在乎夫一竟也而有一與身相待之故則勞力與爲赴而不啻據其要津一物也而有與

力焉容諸靜以端主宰而即合諸動以觀變化蓋必安汝止而乃得以盡其才也凡繼此之綿延不已者悉于此會之而有本矣心無斷續而實以學問之作輟為斷續何以曰勿忘慮其忘而不與何以曰勿助慮其雜而不前蓋學問無止法而心乃無邊情也故學者之所以黽勉至人之所以憤樂功候不無遲速而總非千古衰之外別有旨歸心無精粗而即以學問之淺深為精粗將息無義何以必曰存養行習至常何以必曰體察凡學問之與為不息皆心之與為不二也故大賢之所以不違聖人之所以不踰深造與為終身而總攝諸閑存之中觀其詣極無不然務于口耳既膚末

而不果為索于幽深○亦恍惚而不可據○皆未知學問之道者也○

實從學問勘出求放心而已矣○神理並足○異學俗學一齊掃却○

理窟中掉臂游行○紀曉嵐

學問之道　一節　　程芳

資古以治心以道有專屬也蓋學問約道也約以操之則心有所循而不至放矣誰謂學問無益於心哉且心遊於虛而理麗於實心與理原相繫者也然心無所馳理固資心而擴而心有所軼心反藉理而收蓋心必依理以為之所而理能束心以止於符故謀理即所以謀心也彼放心而不知求將謂寂以守之乎夫心本神於起伏守以寂殺幸其伏矣交應感驟交而又起焉起而無所置即所伏已非故境甚賴有轉之者矣抑或强以制之乎夫心原竅於出入制以强亦幾竟其入矣至精神偶壊而忽出焉出而靡所

理境便見虛

清既無歸非明理者未能遵

近科考卷拔萃　　孟子

歸即所入亦非故蕩有安之者矣是不得不藉乎學問取理
於顯而天則寓焉以我之精意遇古人之精意不啻彼為餉我為
受矣所危者空而意息之少一求寘而清之又多一放也一俗求於給
而微旨存焉以古人之性情洽我之性情一若彼為予我為取矣
所幸者夙夜中多一勤求方寸中即少一放鈍也然則求放心之
外寧有他道哉心之量無所不至有以罷之漸輸之之途而自有
所不至矣學問所以杜其至之之誤也耳目所及忽涉而忽精神
明所適彌就而彌歛故散其力而與界相迎者無非聚其神而與
官相守也使得所準而仍百出其途而莫知返無是適矣心之才

學問之道無他求其放心而已矣　第三十名　廖樹葵

以學問求仁心仁存而義亦全矣夫心放則仁失義亦失矣而學問皆所以求之放其心者可勿知耶且治心者理謀理者心心於理有所遺則心不實而實其心以謀夫理之賾尤期實其心以窮其理之原更於心有所昧則心不斂而斂其心以即其理於內尤期斂其心以究其理於外其功愈密其途愈寬其不明焉外焉而其詣尤要有專歸自古人得天地之性即有仁義之心雖生安者不廢學以存其心者乎且心也者徵於性情發於事業即識之於學問而失心者且侈然曰吾固從事學問中也亦思學問

之道果奉他歧今將舍學問之勢力而謂心之必與理相衡則默聽所見持其心之獨放而獨甚其向昇障勢以蒙蔽其心心獨求而然學其蕩然於心中驕存息養之機貴先以學問定其體然使離其心以圖功而謂理不必入與心相守則心之任後而今學者傷矣要其歸心之機愈放而愈雜渴焉適以淆其識故學問中層累曲折之故更宜於吾心揣其原而人猶任其放心者何哉吾為物而消之曰放則此心自多紛擾之端且實而言之曰求則此心自無寬假之候心之體最靈靈則蕩逸奪其變則放惟本諸學問以返乎至當就令過此以往而孜孜所得猶精風定者亦

學問之道無他求其放心而已矣　廖樹葵

此道也處常而既得所主遂遇變而不離乎宗心之用至紛紛
則易動任其動則放惟本諸學問以歸諸醇靜至於深造自得覺
冥冥中默相符契者不外此道也靜焉而內蘊不搖斯動焉而外
緣不奪萬事萬物皆本乎性性患其不善養之以學問則有存
而[illegible]性[illegible]成之於一心則有操而無舍故求之後加
以學識愈廣而守愈堅求之後當以問疑愈晰而慮愈[illegible]盡精
所[illegible]棄無有錯無自誤應事接物皆原於理理患其不[illegible]精
精之以[illegible]而經綸常開理患其不能存存之在一心而推無或
蘊於求[illegible]先即以學問為行必之具求終[illegible]之後必以

福建闈墨　乙卯科　合　第二房

學以為資窮理者所為可與之可與立可〻〻權心存則仁

存仁存〻亦存學問之道豈外是哉

於此明以著純粹以求

學問之道無　一節　　劉巖

學問所以求心之仁、、存而義亦得矣、夫心放則仁亡、仁亡則義失、學問求心之仁義而已矣、豈有他道乎哉、且心放而不仁則失其所以為心、、放而不仁因以不義因以失其所以為心人即恐于亡仁與義斬來有甘于自亡其心者如是而吾可以學問之道進焉夫學問之道如之何蓋皆所以為人固有之良心計也仁也者心之全德也義也者仁之斷制也惟心滋乎仁、包乎義人不自求其仁義之良心或昏而不知其放而遂昧然而放焉或惰而不期其放而遂蕩然而放焉然則如之何而後可以制其放是非從事乎學問之道不

孫太常名顯章嗣然○太宗安貴峰○符守貞

可蓋學問之道多端凡事象吾內以求利吾外而逐之者之勿使神傳之萌得接于吾之心術者雖僅心之棄于偏而溺于僻而常求之于不覩不聞之中以純其禁也凡素利吾外以致養吾內而察之發之勿使纖塵之意得入于吾之心思者惟恐心之瞬于私而化于物而常求之于寂其慎動之際以固其操也夫心非感則寂非寂則感蓋無間可容息焉然必求其寂然不動感而遂通斯可以得寂感無窮之蘊也而心不放矣心靜為動之基動為靜之用蓋循環而不已焉然必求其靜而常覺動而常止斯可貫動靜合一之機也而心不放矣抑猶未敢謂其心之已精而惟有窮[illegible]之紐皆放也學問之道

始由粗以入于精乃已精而更求其精而盡有為焉胥有得焉以為非學問之至精不足以求吾心純粹以精之體也（語極精）爾未敢謂其心之已寂而根有纖介之跡即放也學問之道始由跡以造于寂乃已寂而更求其寂而瞬有養焉息有存焉以為非學問之至寂不足以求吾心退藏于密之神也學焉問焉而心之氣日以清明力日以强固（仍歸重學問二字乃是下手工夫）者此下學之本也乃心有清明之用而由之以窮神有强固之能而由之以達化者此上達之階也一如是則心存而仁得仁得而義全仁義致粹然于心則本然之良心無俄頃之放而仁義無須臾離矣

朱子云如灑掃應對博學審問慎思明辨皆所以求放心照此詮

學問二字合小大。徹首尾方為切寔。此雖本荅呂子約書。而以由中應外。制外守中。作學問註腳。似尚未備。愚意作理題不必求深。雖劉大宿學讀此。殊覺未妥。後半語語精粹。自足壓服群言。

禦人以口給單句題

志在禦人者亦徒恃其口給矣夫口給豈足禦人而佞人之以

是也不且自喜其得計哉嘗謂言者心之聲也心有是言而因

（○從○心○入○口○與○佞）

（○字○関○會○）

以形之于口自夫人之徒以言相尚也于是乎不求諸心而求

（○從心入）

諸口矣且不恃其心之足以自勝而徒恃其口之足以勝人矣

（○轉○関○巧○捷）

然則我所謂焉用佞者彼不且自以為大有用也哉彼蓋曰人

（○翻○禦○字）

與人相接而不能使人之盡為我屈則人見其長而我即暴其

（、疊、次、清、出）

（○添○一○句○作○对○両○比如一比）

短矣是故有取于禦人且人亦各有口也口與口相攻而使其

（○翻○給○字）

發之常在人後則我示其瑕而人即負其堅矣是故有取于禦

人以口給凡禦人者必鼓其禦之ゝ勢ゝ也者口之利鈍所由

机勢二義妙與渠字給字関會

分焉夫彼方恬然而出之我亦恬然而應之則其勢甚鈍而莫

能以相制無他惟其弗給也四吾口之所欲達而縱橫一往直

剔醒　確是利口

若有銳而不可乘者焉夫然後羣天下之有口者皆為之坐困

矣凡禦人者必藏其禦之ゝ機ゝ也者口之緩急所由判焉夫

彼方漫然而吐之我亦漫然而荅之則其機尚緩而莫能以自

確是急口

轉無他惟其弗給也隨吾口之所自動而俄頃百變真若有猝

而不及防者焉夫然後羣天下之有口者皆為之立折矣不取

透快

必于理也而取必于近理者反以亂夫理之正人亦明知其非

理而無如其口之所給有以扞其外使人不得入而破之彼獨

禦字刻畫殆盡

何心而敢于放恣若此也不取必于情也而取必于近情者反

頓仁字一筆

以奪夫情之真人亦明識其不情而無如其口之所給有以錮

其中使人不得出而排之彼又何心而忍為罔遁若此也蓋佞

刻畫本題即從下文

其口偶有不給之處即自悔其術之未工必舉當世無不可禦

收應

之人乃竊喜其計之獨得此佞人之所以自為其有用者也而

烏知憎之者已隨其後乎

字字刻入字字畫出此謂筆古俱靈

理而無如其口之所給有以扞其外使人不得入而破之彼獨

禦字刻畫殆盡

何心而敢于放恣若此也不取必于情也而取必于近情者反

頓仁字一筆

以奪夫情之真人亦明識其不情而無如其口之所給有以錮

其中使人不得出而排之彼又何心而忍為四通若此也蓋使

刻畫本題即包下文

其口偶有不給之處即自悔其術之未工必舉當世無不可禦

波應

之人乃竊喜其計之獨得此佞人之所以自為其有用者也而

烏知憎之者已隨其後乎

字字刻入字字畫出此謂筆古俱靈

禦人以

提正面反對起法轉到本位便佳不佔寔　二比先撇一層折入禦人一比箸上句一比箸下句妙

禦人以口 二句 兩截近承題○反針對上注下法 秦大成 集中

○渾厚醇雅体○六比整做格

佞人所恃以見長者、其效亦可覩已夫取給于口者、與以見長而（対○面○反○起○不○禦○）適以召憎、然則佞果賢乎哉、且天下惟理足于己者無求勝于人（○人○者○人○由○不○憎○之○）之心而人自無不心悅之蓋以情相與合乎人心所同然斯以性（針仁字）相孚不蹈衆心所共惡自世有利口出焉而其所為乃相反已予以佞為賢將謂負宏辯之才可往無不利乎然吾嘗觀于佞人矣單諂者無論也即率裁特出人盡讓其詞華而究之口說是騰則（以○為○有○实○无○行○人○）一當名義相責返躬而即有必詘之勢夫勢將詘而有不安于詘（○實○若○　起○上○句○）之心其佞乃無所不至矣詭邪者無論也即議論崇閎人交推其

俱不說盡

二比正刺劃徒以口給禦人之可惡透所以屢憎于人之寔

惟其禦人所以不能不見憎于人

淹雅而寔之言不由中則一經有道是正稽寔而皆有可窺之隙夫隙可窺而有自彌其隙之心其術已無所不敗矣蓋佞人祗自

矩不句

謂有以禦人耳而抑知其口給也適以屢憎于人乎是非本有定理而逞才辯之縱橫將勿問乎理之為是而務掩其必勝顧天下

主神淡遠

不可易者理也以一人之謬悠欲易天下之正理其誰能堪此乎人不能禁彼之作聰明彼亦不能禁人之私怨怨所謂有言不信尚口乃窮者也文章必由心生而任游談之鋒鋭將不本于心之所安而力求其常伸頤斯人不可誣者心也以一時之簧鼓欲誣

毫切透况遠皆

斯人之公心彼豈能有濟乎人即屈于口之所不逮不能服于心

比以又不以口着觀以不之人況且偶屢以衆固慣而有一識者充之正指爲學字

之所不甘誰謂巧言如流必俾躬霧休也眄苟有萬如之言亦可方排乎衆議然得諸佞人之口則辭氣浮薄必不免于詬厲之生此非盡困于辨論者也即偶爾旁觀中情交怫猶將指名誚讓防淺此之身嘗可知美言難市昌若闇淡自矢者之得以謹身而寡過哉苟為吉人之詞亦可折服乎群倫然出自佞者之口則根柢空疎必無以愜衆人之望此未必無羨其敷華者也第一二識者真鑒難淆早已擯斥詆詞戒子弟以勿效可知惟口啟羞何如吶然不出者之安于悃愊而無華哉佞之無所用如是子何以是為雍慮也

禦人以口 二句 兩截近承題／反針對上注下法／渾厚醇雅體／六比整做格（論語） 秦大成

題竅　此題是指佞之焉用。蓋佞不過藉以禦人，豈知適以取憎。其禦人處即是憎于人處。憎之所以屢者，正因禦人、徒以口給耳。

文評　溫潤渾厚，中自露刻轢俊爽。上下合併透發。机鋒筆筆反對。仲弓不呆。作佞人致憎箴中，淺暢發所以屢憎于人之故、摠是佞之不足尚而隱隱見得雍之不佞不足惜。筆意沉透之極。

喻龍

註釋　口說　易：騰口說。崇論　司馬相如論討巴蜀檄：崇論宏議。由衷　左傳：言不由衷，質無益也。聰明　書：毋作聰明亂舊章。尚口　易：有言不信，尚口乃窮也。簧鼓　詩：巧言如簧。韓文：簧鼓天下。巧言　詩：巧言如流，俾躬處休。藹如　左傳：仁若之人，其言藹如。吉人　易係詞：吉人之詞寡。根柢　見老聃道德經。勿效　馬援戒諸子書：吾愛之慕之，願汝曹效之。不啟羞　書經：惟口啟羞。悃愊　悃愊無華，見西漢文。

餘夫　　書院課一名　盛國楨

於夫家計其餘王政所及也蓋餘夫固不出農家外也學野人
者計及此豈悉聽其餘乎且自分田詳九夫之名而耕三餘一
耕九餘三竊歎仁政所及國無一夫不得其所矣顧受室既堪
受田養足兼乎子婦而候伯非無僕旅情敢怨乎丁男雖曰少
不更事乎而惠及農人敢謂養其父兄不必計其子弟也與圭田
以厚君子而君子外有野人野人者非即農夫哉國家菑畲之
授老農久藉以耕耘顧長雖勤於出作而少或惠於呼庚也誰
云小人有弟不必於百夫有洫千夫有澮萬夫有川而外別孜
其名家庭事畜之勞後生未肩乎責備顧家未有乎八口而長

已踰乎十年也諺云之子無家不必於上夫食九中夫食七下夫食五以還更詳其號則所謂餘夫者非册戶口之充餘莫必而見於國則以為可樂見於家則反覺可憂念彼夫婚嫁未成情尚未闕乎兒女倘心多餘暇奇淫或荒稼穡之原身有餘閑儉樸或笑祖宗之陋不幾流為非夫乎況游閑不事載師且罰以夫征也而備夫數於追呼遂究其餘力丁壯之餘羨難辭而善用之則猶嫌其少竟聽之則轉厭其多念此夫韶華方盛心尚未識乎艱難倘農多餘粟游手或耗其身家躬有餘年童心或荒其歲月不且取憎農夫乎況職業無寬閒師且出以夫布也而校夫家於鄉遂詎可忽其餘丁職縱未任耕耨之業而父母是賴餘夫豈遂缺於饔飧然白叟猶勤操作黃童胡任實

閒也。即謂利歸寡婦，餘波可及於少累而生，非大夫之家，敢謂無妨舍來年屈丈夫之候，豈尚未能負薪問晴課雨，猶得曰子未有知乎？所以仰食縱有高堂，而慮及童孫，尚廑聖朝之策畫。身縱未經作息之勞，而兄嫂是依，餘夫豈遂憂夫困乏，然長子苟慨無年，季子曷謀卒歲也。即謂稼慶曾孫，餘惠可分乎弱弟，而冠待三加，豈同老夫已耄，童踰五尺，居然壯夫可為，犁雨鋤雲，猶得曰少不如人乎？所以待給縱多伯仲，而憂心子弟，猶煩聖主之經營，此二十五畝所為設也。

語無俗韻，筆有餘妍，骨秀神清，卓然名貴。

獨居三年

徐陶璋

賢者不忘其師，而不覺獨居之久焉。夫居亦難乎獨耳，況三年乎？然子貢憤深于夫子，欲不篤以三年而不能也。嘗思師友之間，人情最不忍離者乎？聖人未沒，得與聖人居，則亦得與諸弟子居，離離聚首，樂莫大也。追侍聖邇，不相接所講論對者，誰與？二三子耳。至二三子去而不留，而一人乃罷罷矣。若是者，吾見于子貢築室三年之後。諸子退而言旋，九原有知，當神傷于寂寞之鄉耳。奈也子貢猶爰居此土也。諸子攜簦就道，哀思漸忘，或歡語乎握手之餘耳。悲哉！子貢乃寂居此土也。遙想其時，孤蹤落落，對風雨而黯然，愁思悠悠，撫昔景物

獨字。一篇一串不絕，妙緒無跡，若衣句錦繡，無景會人創獲。

而學部詩書琴瑟樂結伴之鄉蔓草荒烟豈嘯歌之侶低徊欲絕抱
悲痛以何言形影相隨有夢思而誰訴獨居之所誰堪此即而子貢
想其顏洛任將歸者爲獨字
若弗知也者與其覩雲樹而抱無涯之戚毅若依茲土而得常羣之
筆力
通步於斯歲于斯遊不禁悠悠而至于三年矣縱使絕音容而無泰
山之仰彌不啻承色笑而觀函丈之前歌於斯哭於斯益不覺忽忽
後三年實
而至于三年矣歲月無盡心亦與之無盡昔已三年今又三年而此
日之依依不釋者不啻如一日也春秋屢易心不與之俱易昔爲共
聚之三年今非爲廬處之三年而此心之悠悠未忘者初不知其久
孜彌居
也一念吾黨之綢繆憶先師之道貌藹然旅寄於下帷想倍莫天道日

問名同不字之年將社稷賜之內主并不得從夫之爵也」「爲適夫子焉倘律以梁山之什所稱韓姞栖攸之文將并似求耦雎陽反在句吳之主如此以謂之庶幾有文于之徽猶識其爲魯夫人矣吾國之竊致異矣于為吳爵而書於魯史則恒奪之伐鄭之後始以號爍繼以人稱是也鄭重以當一字之褒而宴爾新昏忽荷嘉名于摩錫倘亦進於中國則中國之之義耶使吳而知有此也遺姑姊妹將更請娠擇以偕嬪嬙而特恐更姓改物之嬀更甚於稱王之僭斯戢其不任受者耳子爲宋姓而嫁在魯邦又或諱之聲乎之卒不曰子氏而曰君氏是也隱約以就變文之例而繩其

此○接○不○剔

此也以吳捆○子

吳○宋○昆○此○闡

較○得○未○嘗○有

此也以子○捆○吳

祖武乃更妄爲以自娛豈以宋之文獻不足徵言之故耶使宋而
聞有此也抑我有辭必不舍乎人以徵諸鬼而特許如舊昏媾之
好更得諸他族之滋則或其所無嫌者耳肆矯誣於宮壺何惑乎
卜爲[illegible]爲請吳天
行爲之二母後生轉欲稱兄行掩飾於邦交恐難如其教之二山
使人以其鄉對此而謂君知禮孰不知禮乎

推波助瀾都從經義穿穴而出淋漓磅礴上掩前賢　黃正衡

妙義自在眼前人都道不出名手則縱筆所之無非異境讀此
數過薰然耳目開頓覺聰明入　周玉堂

披剥處援引無數義例此等筆法從公穀得來　吳與參

謂之吳孟子

蔣德峻

述魯君之諱姓有不能盡諱者矣夫諱之以孟子而即繼之以吳孟子君雖巧也如國人所謂何聞之禮有易名之典而無諱姓之文夫魯為望國守府是依而周之宗盟異姓處後若既瀆其倫類而復亂我宗祧則無如娶吳一事二姓合好古人重婚媾之制觀百兩以御而親結其褵者則匪甥舅而寔兄弟也其謂之何百世不通先王有學別之道顧造舟以迎而實肩新婚者竟問諸姑而及伯姊也又謂之何乃君之稱之也則有辭矣曰孟子乃國人之易斯稱也又有辭矣曰吳孟子孟則其序也有味孟義者矣有味孟庸者矣不意謂他

本朝歷科小題初學集　論語　順治戊戌　五名　宋德宜

人父而旌美孟姬漫指為長發之祥乎則其氏也其先也以蕭于矣其緣以聲子矣不意貽厥孫謀而為魯夫人得驟從元妃之蘋蘩而聘歟則問名已非冕而迎歟則葉稱亦謬豈齊東有稱子之例而爵亦從父者耶不然何以吳之亂而參東夏之牒也告之宗廟而欺我祖禰書之冊府而誣我臣庶豈于歸有之子之稱而義取宜家者耶不然何古公之支而通玄王之系也廢王室之大宗而承祧于勝國使泰伯而有知當必顧夫椒俎豆而深不祀非族之痛易天潢之伯父而繫譜于賓王使上公而遠嫌又將對闔閭醜係而反致不相婚姻之義尚令日蘋藻薦嘗考及仲子之宮不幾指尸齋季女而以為姪

其從姑恐異日感婭言歡欲屬頑人之章終難則衆睽遺胄而以為夜溪舅氏方疑諸姬來媵乃合帝乙歸妹之占不謂宋遠興嗟即是吳女思寧之賦意異矣

斷案尚在下文然明明娶吳而卻諱之為子正是掩耳盜鈴題面便可以案為斷但不知禮意說不出耳篇中緊從子字注定發議處思層出妙義不窮俱是無中生有看去似帶詼諧而深文隱刺俱在其中初學讀之可以開發性靈〇春秋書孟子卒正是從居之所諱吳字斷是國人加上陳大士二句文過處有孟子昭公所自為稱也冠吳于孟子之上則非昭公所自為稱也四句文之點

題本此最為確論然不得以此而訾前輩之作也鈔　六經桃源逕

無筆不圓轉自是初學入門妙諦

謂柳下惠少連　三節　周澧

稽逸之異於前季者而因自審於可不可之間焉蓋逸連與夷齊
而仲與逸又異惠連要皆有所可不可者也予為定其論而自白
所異其將自托於逸民乎否且我夫子在當時以行道為其志而
（長峨一落）
以轍環老其身進乎息駕有日而利濟之心一變而與肥遯者為
類則化裁推行之用具見焉一旦溯古賢之芳躅而知其志可抗
而不可降也身可潔而不可辱也曰急乎尚哉我未之能行也於
是古來肥遯之士各有千古者遂莫不往來於心而不忍去如夷
逸朱張柳下惠少連虞仲諸人者其道同其逸與夷齊先後異耳

周邑東聯捷文稿　論語

雖然。夷齊之志若身。夫子所甚慕也。必且如夷齊之志若身夫子所不敢出也。不如夷齊之志若身、而皆無、損於其志若身則柳下惠少連是也。惠連曰志不可降夫安知有降而不降者乎身不可辱夫安知有辱而不辱者乎降矣辱矣言亦不可失也行亦不可苟也。以異乎夷齊者繼夷齊二子殆庶幾焉嗟乎墨胎抗節先聲（中有寰氣[illegible]流）有偕隱之賢孤竹辭名後起之嗣幽之歟朱張逸矣若夷逸如虞仲豈必謂志可降身可辱耶而居若不可不應言若不可不放也所異可放可廢而身不可與入流俗言不可與畔聖經故曰逸也以視夷齊惠連異而不異者也吾夫子身不值商周之相際志徒儕王伯之遞衰中倫中慮聊以挽彼頹風中清中權且復娛戲我老而何以慨彷惑乎一再將之而不聞於首陽片石外別商位置此身之處焉則何非諸賢於可否之辨太明我子豈好為苟異者（銀夠鉄畫）哉且夫可不可亦何常之有家國可捐而不可步萬世下行藏則隘身名可卻而不可為一世酌潛見則疏吾夫子轍環殆矣息駕決矣然而天時人事遠思長想惆乎有餘情焉微特西山薇蕨不忍為終焉之計即以言行論仕止久速非其大彰明較著者乎而何獨善自放之凡云故曰與也以聖人視諸賢不與而與者也

能於經文細心體貼聖人論列本旨探喉而出文不加點自成

周芑東驗藝文稿　論語

周芑東聯捷文稿　論語

章法故是元長青岳一輩人　原批

謂柳下　周

謂柳下惠　三節

江蘇錢宗師選拔　姚　湘
松江府學

繼古賢而遁論逸民均非時中之詣也蓋逸至惠連仲逸異矣其實固於夷齊之有可有不可也子故遁論之而自明其與其與（一言無爽若喜相）今夫畸士殊行不妨遁降一格以求其與中之同而君子時中要當尚論古人以折其同中之異夫人既矯矯板俗與古賢殊途而同歸（渾涵淵流轉）而究皆囿於一偏未能充其全量斯以知神化不測非集大成者不能而立意以鳴高無瑕也不降志不辱身夷齊之加人一等也蓋雖同乎逸而已異乎逸矣可一身不可一世可千古不可一人噫嘻逸之冠也論次則宜及仲逸而先及惠連蓋已降志辱身矣

夫不過辭不過則君子所以動天地也乃東魯有士師直傳三黜（他○嘆○惋○咏）
東夷有孝子禮盡三年其言行之中倫中慮亦有然則以為異於
夷齊而次於逸也有然㘝之論惠連而終及仲逸以其隱居放言
也夫僻壞窮鄉頹然自放亡於禮者之禮也乃文身斷髮而自汚
句吳匿跡銷聲而僅傳名氏其身廢而中清中權也有然則以為（叙次有法）
異於夷齊并異于惠連而又次於逸也有然之數人者逸矣噫異（補著有逸韵○求）
矣惜乎行藏不載篇章姓氏空留齒頰而論次不及朱張也然而
與溷爭介各有不可再於天壤之神而非狷即狂猶尚未克造乎（映帶作關嘆）
中庸之域要之皆為逸也則皆有可存不可者也宜夫子列論之

而曰我則興於是俯仰商周之際尚論其人又尚論其世雖不能
骨○力○開○張
至心嚮往之耳不持首陽之芳躅高不可攀即惠連以下諸人亦
極○情○往○然○贈○與
寧置諸不論不議之列也乃刪修粗定我則行自揆矣不夷不齊
采○絮○卷○之○妙
并詠於惠連仲逸彼自各成其是我非强與之同惟抱此用行舍
藏之心忍而與此終古放懷今古之間六道之行與三代之英未
之逮也而有志耳惟彼孤竹之高風清難希聖況惠連以下諸人
安得推為不倚不偏之詣也乃轍環幾徧我則早自決矣爲非
齊更何論惠連仲逸彼自抱其苦心我不激成高蹈惟矢此樂行
恒○亦○綿○邈○無○窮
憂違之志願言長此終窮無可無不可我之所以異於逸民也宏

乎與古爲徒而逸以名惟變所適而異以起我與逸民敢曰從同乎哉。

風神宕往筆意堅凝。原評

一氣旋折法隨理運真有水到渠成之妙　徐香沙

謂柳下惠　已矣　楊大鶴

逸有不妨于降辱者、可因言行而知其人矣、夫降志辱身、似不可以為逸、而倫慮之中、其言行洵足多、此夫子之深嘉惠連也、且自世風漸遠、不盡得孤介之士而與之、然亦何必斤斤焉倣法前轍、卿匹夫無諫聞而當世傳為與則曠士多狷[illegible]而斯民喻于隱微由其大儒克正是以待乎名教而合乎人情、故流風從合來絶也、予之論惠界者詳矣、柳下惠少連則何如、士亦各成其高而已矣、儕俗之中而然欲不獲世之濫指不亦難乎、故夷齊曰志不可降也、惠連曰志何必其不降夷齊曰身不可辱也、惠連曰身何必其不辱、雖以視鶴鶴命者所趨不同、而要無害乎其為逸也、則盍觀其言行乎凡人之言

塲違田新詩全稿　下論　筆花市

也必揆于義理而義理之內亦各有條而不參焉故一言也欲先之
而不得欲後之而亦不得中倫若此之難歟乃憂時憫俗之談而[illegible]
傷于激則從容以養其和平高蹈遠引之論而不適于時則斷次以
（雖是中倫）
違于中正覺如是言而中如是言而復中也矣夫世既我遺所為怨
（風流蘊藉）
落建白者幾何言然使尚口乃窮畢論衡俗將所云有道仁人者宜
何為也凡人之行也貴愜乎群情群情之內亦各有其幽渺之獄
踰焉故一行也不協于人心而人非之來協于人心而人亦非之中
（中懷疏）
慮若此之難歟乃事關國家之際不越理以驚遏則忠孝之節痛服
其光照躬當悔吝之時不隨俗以取名則舉動之正遂爭乎衆志覺
如是行而中不如是行而亦中也矣夫人不我用所為獄獄表異者

發何行然使動輒見尤欲盡反損將所稱淑人君子者竟何為也言中倫行中慮其斯而已矣蓋言行為立身之大綮而律度同符不妨和易以與物物恒有極不必矯潔以明高而又何嫌于降辱也至于令驅車宗邦顧瞻東國不亦油油然浩浩然不歟而可懷耶洵乎和風淑節不難曠代而相感也

讀古文者當得其神氣所在此文鈍處彌逸淡處彌旨淫泆咏歎而義蘊彌留純得龍門神氣此甚田雖幼年文字亦錄之以見其少作如是

謂柳下

下論

○○○謂柳下惠少　身矣

趙南星

論逸民之致、有不必清者焉、夫降辱之行、雖與清者異、然歟幾逸民則亦何必同、且夫人之性質分區、識會異域、雖均之賢者未必由於一迹之逸也、夫子品騰逸民、首舉夷齊、夷齊清人也、允矣逸民之儁也、至其謂柳下惠少連、則降志辱身矣、夫降志辱身而可謂之逸民乎、豈徒以其不用於時而已乎、雖孰不可為逸民也

世之降志者、志在求隆而有所不能、不盛則是人稽而降之也—

節○撰○中○發○三○自○數○句悟出

子者自降其志者也、以吾之志而吾自降之、非夫世之罪之者也

世之辱身者、患在求寵而有所不能、不汚則是人得而辱之也—

予者自辱其身者也以吾之身而吾自辱之非夫世之汶汶者亡
猶世運之險陂而屈節逃名以獨完其內美值流俗之淵溷而推
廉居織以自混於人群其隱也宜也乃或濡遠而藐列其仕也非
也猶然蒙恥而淹留方之以孤竹之操則其志已降矣然掩志
雲天之上而趨捐以從凡所謂升階能降者也律之以操德之介
則其身誠辱矣然立身於塵之表而韜晦以調世所謂大向若
辱者也向使其肯降辱身也則不難出而都卿相而何以得為逸
民向使其真降志辱身也則業已臨而懷名檢而何以得辯逸民
也耶夫道非一端故言亦非一端而已本無關降辱之論非夫子

素賢二子者則與鄙夫無異嗟乎世人鮮有知言之謂者而可與（踈宕毅蕩）
之論人物哉
曰自降辱則猶之乎不降辱也高格清韵亦復有高蹈風塵長
揖夷齊風致抗志雲天之上一轉當在股頭向使其肯降辱
者也一翻當在前半緣題句是不了語斡旋處須用逆耳以高
邑公之材力惜不經荆川諸老指授故於法猶不逮南士之番
細也

遵海濱而處

何多學

窮民之所以俞觀者既無所處焉夫海濱固罪人放流之所也此舜如負殺人者而逃舍安土與背者非作奸犯刑而繩之以流宥

舜○亦○必○棄○其○此○所○正○去○處○遂○之○法○外○彰○本○勝○義○楊氏

刑之設亦以待至親系貴之有刑備誅可議者也有如瞽瞍而怙終干法當從刑故之條即道誅殺人所在於論之列辭宜容殘天子

民承○善○得○禁○見○非○海○濱○無

位安處中國哉其竊負而逃也若謂吾不能禁三尺之議即不瞽為

可○之

四裔之狭要荒之區聊以寄跡焉蹤海濱可也吾甚無以立于天地之間而根不能逃于宇宙之外係割之關安所得其識固非海濱不

二語叙題

可也上不敢稽禎父之罪而猶為天子之父臣下于海濱來其生聴

康熙丙子

然示天下以負罪引慝無所自容之意哉者人情所共原也下不敢

荊育苗之法而予以捐天下之養療予海濱嘆其死慝然代士師

天○難之

以五流三宅不敢自放之意哉者五章可少寬耳一鋏且底豫不然舜

遊然但窮負○果

安能復以孝治天下姑為是寬政以舒吾號泣祗載之誠海濱之處

澤○以○生○新○是○以天○下○

不僅為深山之居也曠方樵牧無虞舜安能復請問下民姑為是潛

匿以重絕訟獄謳歌之望海濱之遁不止為南河之避也一海隅蒼生

卉無○義○別○然○亦○能○執○之○哉

亦受帝光之被豈必感法之[illegible]不及[illegible]君畏臣法而挨荒絕迹亦

為○與○舊○天○下○濶

若寰小瀆水之池焉而已乎之濟尚有[illegible]之義豈為執縛之辭

不及知然子紹父難而廣[illegible]所南[illegible]耕稼陶漁之故鄉而已

○又○翻○深○一○層○從○辭○不○誅○處○而○用○分○誅○黃○蔡○之○得○衆○

吾家庭，可以恩掩義，難與虞舜非欲誤焉之歎，第尚得安享者自封。

朝廷不可以私害公，非竊負之遠為瀕海之逋民，無以自解于國憲。

吾諒舜委曲全親之心，必遵海濱而處，而後可以無憾也，要所用天

下為。

海濱二字，千無可詩，刷發故翻，會看後半照天下陪襯，更有激射。

意多詞鍊，故當不朽。

遵海濱　何

人之憲章可得而求矣

凡做題必善求題間方能翻起議論若此題渾圖四字又何間可求乎先生便將註中近守其法四字搜尋題間從上句祖述相形似乎道精而法粗則仲尼既宗堯舜之道何必守文武之法乎此題間了焉而生即通篇議論變化之所從出也要其通篇議論不出一破一承中大意起講頭將堯舜翻起講下接二比一比是說文武之心寄之於法一比是說聖人守法守之以心此兩比流水對法中二比說憲章正意不止無遺民洪謨求不止無疑乎其遵守極力發揮守法以心之意後比又議

法固是憲章。即變通其法亦是憲章斷盡從前見解從無間處坐出關來固之先生論讀書作文要去皮見骨去骨見髓於此篇可見一斑初學宜知之

窺見室家之好

王　珍

有可以窺見者宜其稱為賢矣夫至于使人可見其見之也不甚易哉室家之好奈何竟賢之豈以賜之歎焉不足也而人顧稱許之過當夫豈以有所見而云然耶夫誠有所見于賜而乃以賜為不可及不可謂非所見之陋然亦無怪乎爾也蓋在吾之予以可見者非有餘于此則彼之所及見者亦僅止于此也有如賜及肩之牆是已古人云若作室家既勤垣墉惟其塗塈茨若是乎墻固為室家而立也耶抑有不僅爾者耶而獨無如賜之及肩者何夫人中之所居每不樂為外之所覩賜寧不欲蘊藏之密絕人以窺測之端乎然而不能

權也夫人外之所觀每雜悉夫內之所蘊賜獨不有蓄積之數出人于聞見之外乎然而不能匿也蓋賜亦嘗見夫人之為室家者矣凡夫短垣之內是惟而室是惟而家其間服物器用罔弗咸在琴瑟無恙卿几杖在御耶左圖右史之足玩耶亦云好也是固不待升其庭入其閫奇可以一望而窺窺之且悉見之者也而賜之為賜得毋類是以賜之勤勞于心力也夫豈不拮据焉以有此室家然而所就止此也非敢以為好也夫一室一家之內亦有何奇而人之所羣而窺者不禁瞻顧而悉得之也則亦已無餘于瞻顧之下也已以賜之取資于師友也亦豈有犀植焉以擴此室家然而可見在此也則人以

○色

○就○室○家○發○出○好○字○宴○際○言○未○生

○轉○筆○換○

窺見室家之好（論語）　王珍

爲好也夫爾室爾家之內止有此數而人之所樂爲窺者遂因其領望而盡觀之也則亦惟炫然于領望之地耳已覓登遠之姿者每有所棄置以成其業區區室家之好勝槩何以耳目近玩供人測識哉而不可强也以其所不難窺者遂爲其所無不見安在不以爲極天下之觀也馳域外之觀者每不屑凡近以鑑真識區區室家之好賜安知不以膚近無奇爲人鄙棄哉而竟不然也以其所不足窺者竟爲人所甚樂見則亦由來升聖人之堂也吾請進而觀夫子室家之好

此○化○就○有○見○說
好○狀○容
狀○轉
賢○字
此○化○對○針○叔○孫○緣
題○下○斷

下對照黃富上映合賢字筆下懸岩多姿色澤亦復鮮秀彷彿初日芙蓉

費巽來

竊見室家之好

康熙巳卯 韓孝嗣祖語

好之以按内外○故易見也夫同是室家也而何以得見其好哉窺而見耳子貢欲以是曉武叔也以為宮之有墻所以限覘之而艷之也乃有欲炫耀而不能且韜晦而墻也及肩者曰予有室曰予有家賜之托處於斯也亮耳於馬庇羆用於馬娛朝夕示人以無不可知也抑又美賜今者窮有揣馬非有如矢之棘如暈之飛勞人之翹首企足也或俯焉以窺而已見其室美家美倘所謂華門幸寶者耶而窺者方自詫其得見則以為好也云爾非有珍異是聚玩好自從

（竊室 映好字○ 對下美○ 對下不見 對下美富 有○情○有○景○ 從○及○有○刺○劃○寬○字○ 好○字○在○窺○者○意○中○晉○得○解○）

勞人之正川而沭視也或從旁以窺而已見其室矣家矣倚所謂

對下

宗廟百官　針對

左圖右書者耶而窺者方自喜其一見則以為好也云爾使其人

武杕妙義瑛生　轉筆疾

而有真見也者又何必微而為窺見而出於窺非真見也然唯無

如原駛　心如旋床

真見也而後塴之室家不妨借以延人之譽使其人而果善窺也

注對不得其門而入　對下不見

者反不能驟有所見窺而即有見併非善窺也然唯不善窺也而

後人之好之猶或可以自炫其明盡暘之室也環堵其家也湫隘

綠容及肩神吻純肖　對下美宮

非有深藏若匿者好之所以外形也而人之窺也旁皇其見也疑

對下不得其門而入

似非存睹曠之觀者好言所以日至也不然而金玉文繡充牣其

中矣撲斷丹艧畢陳於前矣奔走使令無乏而攝矣勢必將崇大

其墻垣且不得門而入矣向之窺而見之者亦必爽然失嚮然驚
也。

好非真好見非窺見窺亦非善窺擬由室家卑薄致令窮乞張
皇語〻䀹抓自己邪語〻嘲笑叔孫逐字飛舞而出疑其胸中
有智珠也。王介眉〻
窺字對不得其門而入見字對下不見室家對下宗廟百官好
字對下美富嘲笑叔孫語〻靈動非此妙筆莫傳題神 江齡昭

淵淵其淵　　王庭

再嘆於至誠之深淵淵者不至也夫淵不可測也而況其淵乎淵淵深哉惟令人莫之至再耳今夫人受成形眇然而性截焉不見其不足尋之而曾不得其所窮際夫不得窮際其所出也烏能窮際其所存哉人之具是者眾矣余之盡之則豪矣酌取于身所自足而疑蘊之無餘獨致嘆于神靈之不測是亦過耳然我于此猶是也至誠立本之能極于無倚何以名言之乎一物之未然者皆動也能為動不能為靜夫孰知動之根于靜而靜又非其所居也即而求之不得其處殆以為有自藏焉其息深也事之勢然盡多也

原評：緊不是恬淡虛無之

能為多不能為少夫孰知多之制于少而少又非其所得已也時而出之不窮其裏殆以為有從來焉其源長也曰是所謂其淵也（說上本字總出淵字來）乎吾于山下之泉見之吾于至人之心亦見之曰是何淵淵其淵也乎吾于晝夜不舍者易測之吾于須臾不離者又曷測之至矣哉至誠達天下而游于漠也天下亂不如治治不如忘自今日以遡皇古亦幾絕杳矣至誠以既形既生之天下直置之未始形未（是天命之謂性）始生之初名自命也象自定也數自正也求于在宥之中而闇然自此是未始形未始生之初新眇之窮視聽而荒忽之縕絪淡也淵淵乎亦推其淵之常寂者爾已至矣哉誠之備天下于身而休

其所也吾身之治天下道降而德〻降而功自意言而循精微則此

尤若冥矣至誠以有行有為之身悉歸之常無為常無行之理禮

其所以立天下之大本正須從背處看思議而無可思義之神

自中也樂自和也刑自威也間之綱維之主而靜然不尸是常無

又出

為常無行之理涓細之不遺洚洞而尋丈之不葹重襲也淵〻乎

原評清是淵之氣

亦惟其淵之自清者而已其滲然以清乎清之而非澄也夫澄之

清者清亦得濁焉而卒無外乎體之所變令試觀其淵乎天下變

謀之區一以為沉突一以為洒濬乎其源者莫非止者而寧謐終

原是淵之量

無所傷而孰敵〻焉以清與濁為事其盎然而盈乎盈之而非溢

也夫注之盈者決亦得涸焉而卒無測乎量之所圍令試觀其淵

于天下勞敝之途一往來于井一俯仰于幾于其泄者莫非富者而長裕故無所設而執屑屑焉以盈與涸爲功然則淵淵之稱吾終無能名言之也同水而止者爲淵凡水取濯而淵取鑒鑒之則不知其極同性而誠者爲淵凡性見淺而其淵見深深之而未始出吾宗吾于是進而言天矣

實實從立天下之大本想出其淵方見得淵淵字真于無可形容處作形容無極而太極太極本無極元是實有此理不墮虛無莫非真諦

淵淵其淵　　史泓

想至誠之淵有難量者焉夫曰如淵必謂有一物可以似之若其淵則無似者矣故第以淵淵咏其淵亦從乎其本質云爾且吾前言聖德淵泉而妙時出之機是從其源而沿之而見其流之不竭也則真如淵也雖然猶二之也以其如之也云爾而吾更有以想至誠而吾更有以想至誠之本則豈非從其流而溯之而真有以見其源之不測矣乎則又豈特如之而已哉同此一原也而無以擬之也澄之不清淆之而濁惜也其動而汩也然而亦無感乎其動而汩也何也其非淵也莫淵淵者爾同此一原也而無以濟之也挹之而窮探之

析理清晰而文氣清潔遂入

[illegible][illegible]如刀出其莊雅潔耳

文靜

文源字

易盡惜也其淺而竭也然而亦無怪乎其淺而竭也何也其非淵也其字亦照其泛泛者剛是故吾於至誠之立本而有以想其淵焉凡動者之所此處神資[illegible]留別蘊易見而靜者之所蘊則未易見以未呈其朕也而其淵亦何其靜小發淵字虛處實無處有方是太極之理不墮老莊之虛無也故夫從其淵而觀之亦殊寂寂也夫寂寂者必其至虛者也然吾又不敢謂其中至虛也必將蘊天下之至寔焉而特不能一一而名言其至寔也夫不能一一而名言之斯其天下之至靜者也凡淺者之所藏易窺而深者之所藏則不易窺以未露其倪也而其淵亦何一字一句之氣其深也故夫從其淵而觀之殊覺渾渾耳夫渾渾者必其一無所有似二數亦似十分正做以長明不類者也然吾又不敢謂其中一無所有也必將藏天下之萬有焉而特

不能一一而指數其所有也夫不能一一而指數之斯矣天下之至
深者也夫道本萬殊而幾則藏於密雖曰浩乎不知其畔岸也灝乎
其無津涯也一皆其淵之所極致然而觀者不曾望洋而歎焉而亦
概乎不能有所窺尋焉但曰其淵焉耳矣太極本無極而湛然以中
涵夫其無所於離也亦無所於遺也何在而窮其淵之所極致是故
觀者即欲擬諸其形容焉而亦即不能易一辭以舉似焉第曰淵淵
其淵焉耳矣嗚呼其誰知之其誰知之

精理　淡妙　更見微妙

怪來詩思清人骨門對寒流雪滿山可以移贈斯文　劉兆園

秋水無塵清見底亞魚沙石皆可明此真宇宇取之靈府不乞而

庚辰　中庸　官依軒

於講章與臭腐時文者也　馮行可

剝去膚毛獨存精髓清泠之致幽峭之思迥出塵表吾欲焚香煮

茗讀之

渊上其　史

淵淵其淵　吳從先

凝至誠立本之能有莫名其靜深者焉夫其淵者其大本在也淵淵乎其靜深可得名乎今夫流于外而易竭者豈其流之不長乎為其源之先盡也即其源之盡而不盡者而亦幾幾乎盡之則以其溢于外者尚多也若至誠立本之能事豈其然乎理之涵于心也每由靜而之動然當于萬化未出之先而此理不猶靜存于中藏乎理之著于世也每因感而後應然當夫萬事未形之際而此理不猶深涵于一原乎夫靜存于中藏深涵于一原者是乃所謂其淵也而無如不誠者之壅之也始而私意之涓流繼而人欲之

（作兩層折法是義始盡）（六句清真）（淵一層）

絅齋稿

橫决至理之流不清至理之源亦雜也而無如有倚者之過之也既不能以吾心為澄清之本甚或以吾心為凝滯之處至理之流

（久而形觸洞）（停填二比會身不尽）

既塞至理之源亦淺也乃至誠之立本隱微顯見之先其湛然常存者非細流之易洩不睹不聞之中其沖然若虛者非蠡測之可窮淵淵乎不必觀其仁義之流于外也不必觀其禮知之流于外也但覺仁義禮知之流猶是一源之分支而仁義禮知之本真為

（形容歸）（當）

萬派之歸滙矣淵淵乎不必論其仁義之流若何也不必論其禮

（委切）

知之流若何也但覺仁義禮智之流猶是川流之萬殊而仁義禮知之源已為敦化之一本矣故時而所感者一事所應者一理非

不洋溢而難禦然猶是其淵之流也或可以涯涘求也乃冥然冲寂之中而萬感未應雖欲求其涯涘而無從即時而所感者數事所應者數理已極充滿而莫遏然非其淵之所以流也猶可以畔岸測也若汪然無朕之內而萬理俱足雖欲測其畔岸而不得在中材以下者罔當望洋而驚即聖人之次者恐亦自涯而返已噫至誠之立本如此而誰能知之哉

其淵一層淵之一層從立本無倚中細細摹寫絕無一字泛設況看而入透快而出前輩王言遠先生作視此恐亦嘆聰明畏後生矣　原評

閩海偶觀

刻畫其淵處。槩棠立本發意。滴水滴凍。却自消雋不腐。真理趣

文字。庭聞

淵

淵淵其淵　二句　黃允肅（元靜）

歲試臺月課超等一名　黃允肅元靜

○○○淵淵其淵　二句

進想聖心之淵與天有擬之而難盡者焉夫非誠之外別有其淵其天也淵淵浩浩不有擬之而難盡者乎今夫性命之事一皆根心而出者也心之所蘊者淺則倚乎流而不足乎其源矣心之所存者隘則倚乎人而不足乎其天矣孰是能舉所性所命之正悉包含于一心而非天下所得攀其藏者乎乃吾由至誠之無倚思之固不獨于經綸見聖心之仁也為進想其立本知化焉人世中多一變通即人心中多一蘊蓄至誠之立本有不自其淵出乎爾尚澄之淵不可以語寧謐而守寂之淵不足以涵衆理即淵之非其淵也浩至誠之淵

周祉試草

則皆從不貳不息以凝成之無所擾而常靜無所滲而自深寂然不動之中自具分陰分陽之體感而遂通之際常存見仁見智之端淵淵乎聚而為源衍而為派不必拒彼注茲而統以一本萬殊之旨未有不同條共貫者人謂至誠之心有淵吾謂至誠之心即淵也未緣境而帶動或滋擾淆而始清諸亦得淵究其所立亦淡與執若聖心之源源不於游備於內而淵然流於外而亦淵然乎蓋在淵之淵無涯而在心之淵更無涯也吾得而擬之曰淵淵其淵入境中悟一消息即人心中具一造化至誠之知化有不自其天來乎顧一息之天不足以通千古而偶觸之天不足以語渾全謂天之非其天也者乎

誠之天則寔有一氣二氣以綱維之無所隘而常廣無所廓而自大

丕川在法象之表而一誠自爲開闢運行在精微之內而一誠自爲

始終浩浩乎恒而不窮久而無彊不必規撫配合而原以合一不測

之神未有不統理渾然若人謂至誠之心有天吾謂至誠之心即天

也夫夫婦而動其天機狹擬而來其天性究其所知亦小矣孰若聖

心之渾淪統體潛通於上而浩然通於下而亦浩然乎蓋在天之天

難量而在心之天更難量也吾得而擬之曰浩浩其天而要之其淵

其天皆誠也淵淵浩浩皆誠之蘊涵而充溢也此其能能之之仁皆爲

大德之敦化也知之豈易其人哉

二試草　　淵淵其　十

淵淵其淵

劉輝祖

想立本於其淵仍以淵形之而已夫立本即其淵也不以淵形之而不盡即以淵形之而猶不盡也故曰淵淵也中庸論至誠蓋謂吾嘗言至聖之淵泉如淵矣如之云者淵自淵而猶非其淵也今

照非特如之領起其淵

關照語無不細

復由至誠之立本思之一大本者萬化之所從出而支分派別何其

切

原於從用識到體

動而不窮也然動而不窮者而莫非靜之涵也一大本者衆理之所

原於步以靜深

從生而川流不息何其顯而可見也然顯而可見者而莫非深之

分柱

妙切立本體貼出來

息也此所謂其淵也渟焉蓄焉而瀾之不生此乃淵之所以不竭也一理中涵而象於止水不象於流水喜怒哀樂之未發而可以

想其淵矣渾焉灝焉而絕之無從此乃所以絕之不盡也一源內
斂而不見其有涸亦不見其有溢無聲無臭之不顯而可以想其
淵矣淵淵乎靜存之有本而萬感不形所為大德之敦化也而萬
殊之用皆自其淵出之蓋主夫靜者誠有不得而撓之耳淵淵乎
深藏而不露而萬理畢含所為天命之謂性也而率性之道皆自
其淵發之蓋資之深者誠有不得而過之耳私意起而相汩而大
成社所謂和歸
本已浸淫而蔽之烏覩所為澄泓之自然者耶至誠既欲致和必
于中
先致中而遂獨有其淵其淵也而淵淵之微乎微乎中在是矣物欲
起而相撓而大本已潰決而去之烏覩所為微妙之不測者乎至

天生恰好用着！

誠不求道生務期本立而遂獨有其淵其淵也而淵淵水哉水哉

收一句累括通章

本存是矣至誠之卷而退藏於密者如此

從淵淵其淵四字中發明至誠性體洗盡一切膚淺語又得形容摹儗之神　喬武功

緊對未發之中貼出成性存存靜深之妙前輩中如此按切者亦鮮　成絅齋

作此題者名流如徐思曠其言遠詞意非不微奧而於靜深實際不曾道著若此作之細確而又瑩白方是形容立本義疏

淵淵其淵

想立本於其淵仍以淵貌之而已夫立本即其淵也不以淵形之而不盡即以淵形之而猶不盡也故曰淵淵也且吾嘗言至聖之淵泉如淵矣（借上章陪說剔醒其字）如之云者淵自淵而猶非其淵也且以淵言則一言淵而已足以其淵言則第一言淵而尚未足也此其說在至誠之（從大用說到全體）立本矣大本者萬化之所從出而支分派別何其動而不窮也然動而不窮者而莫非靜之涵也大本者衆理之所從生而川流不（靜深分地）息何其淺而可見也然淺而可見者而莫非深之息也此乃所謂（句句切靜字）其淵也渟焉蓄焉而瀾之不生此乃瀾之所以不竭也一理中涵

而象于止水不象于流水喜怒哀樂之未發而可以想其淵矣焉灝焉而挹之無從此乃所以挹之不盡也一源内激而不見其有涸亦不見其有溢無聲無臭之不顯而可以想其淵矣淵淵乎靜存之有本而萬感不形所為大德之敦化也而萬殊之用皆自其淵出之蓋主夫靜者誠有不得而撓之耳淵淵乎深藏而不露而萬理畢具所為天命之謂性也而率性之道皆自其淵發之蓋資之深者誠有不得而遏之耳私意起而相汩而大本已淆溢而壅之烏觀所為淺泓之自然者耶至誠既欲致和必先致中而遂獨有其淵其淵也而淵淵微乎微乎中在是矣物欲起而相滑渦

（句句切深害）（大用）（又從全体說出）（入神之筆）

大本已潰決而去焉觀所為微妙之不測者乎至誠不求道生

務期本立而遂獨有其淵其淵也而淵淵水哉水哉本在是矣是

故溝澮之皆盈不能為晝夜之不舍而原泉之混混夫豈同細流

之淵淵自其淵歸于至誠而濬而靜乎漠而有乎淵然渺然所謂

淵泉者乎而全體渾一泉之涵于淵自其淵歸于至誠而不離則

清莫動則平芒乎芴乎所謂淵淵者乎而化機真一魚之躍于淵

逝乎逝者如斯見道者會心于川上而秋水時至望洋者見笑于

大方自至誠而外率皆潢汙行潦之水耳而淵淵其淵吾安得不

于至誠之立本而想之

從淵淵其淵四字中發明至誠性體精警微妙洗盡一切膚泛語又得形容摹擬之神與許敬菴肫肫其仁篇嘗註疏義理之文當共傳不朽也　喬武公

淵淵其

淵淵其淵　　戴潛虛

想立大於其淵、仍以淵貌之而已、夫立本即其淵也、不以淵形之而不盡、即以淵形之而猶不盡也、故曰淵淵也、且吾言至聖之淵泉如淵矣。如之云者。淵自淵而猶非其淵也。今復由至誠之立本

〇剔醒其字

思之。大本者。萬化之所從出。而支分派別。何其動而不窮也。然動而不窮者。而莫非靜之涵也。大本者。象理之所從生。而川流不息。

從用〇說〇到〇體〇

靜深〇分〇比〇

何其顯而可見也。然顯而可見者。而莫非深之息也。此所謂其淵也。渟焉蓄焉。而淵之不生此。乃淵之所以不竭也。一理中涵而象

〇靜〇　〇真〇諦〇

於止水。不象於流水。喜怒哀樂之未發而可以想其淵矣。渾焉灝

焉而挹之無從此乃所以挹之不盡也一源內激而不見其有涸(深)
亦不見其有溢無(真諦)斁無臭之不顯而可以想其淵矣淵〻乎靜存
之有本而萬感不形所為大德(切)之敦化也而萬殊之用皆自其淵
出之蓋主夫靜者誠有不得而攙之耳深藏而不露而萬理畢含
所為天命(切)之謂性也而率性之道皆自其淵發之蓋資之深者誠
有不得而遏之耳私意起而相汩而大本已浸淫而壅之烏覩所
(所謂和發於中)
為澄潔之自然者耶至誠既欲致和必先致中而遂獨有其淵其
淵也而淵〻微乎微乎中在是矣(真諦)物欲起而相滑而大本已潰決
而去之烏覩所為微妙之不測者乎至誠不求道生務期本立而

遂獨有其淵其淵也而淵淵水哉水哉本在是矣至誠之卷而退藏於密者如此

從淵淵其淵四字中發明至誠性體洗盡一切膚泛語又得形容摹擬之神　原批

震靈妙香優鉢妙花具此筆墨中　陳師洛

經綸是致和立本是致中即靜深之貌想未發之體精理名言得未曾有義門先生嘗謂此篇是會元稿中第一余讀荆川讀問其目錦泉洋洋乎作知元家衣鉢罔在明理以膚廓為能者是市廛伎倆不值識者一笑今讀此文猶信　王鶴書

第三十五冊 卷一〇四

騂　　林鴻年 勿邨

物以騂著其色可觀矣夫騂非色之最貴哉乃竟得之犂牛之子人其可輕視此騂耶今夫五德之運當王者貴凡物皆然而犧牲之色其著者也我周變二代之制與尚元尚白者異宜故東遷之役盟以騂旄南山之詩從以騂牡則色之有專尚也可知而尋常物產間乃亦騂而得之也柳何幸哉如犂牛而有子也其仍為犂乎柳不為犂乎其在犂牛身豈無瑕何問糞基之有後則施於沖子尚得司以赫厥靈乎當先生如達之辰得毋祝其類我而在其子恩深罔極直分遺體以偕來則無忝所生其必在踐形惟肖乎

一名言霏屑揮塵厥流

而朱芾斯皇之象何由占以大人然則騂固非犂之所敢望乎乃犂牛之子則已騂矣其殆秉剛氣之純精以自成其光采乎夫牛爲坤土之象而騂直符大赤之乾文則一索得男其父不亦大慙哉尚令其父形穢自慙轉恨夫彪炳當前者迫人太甚或將力抑之乎然而光采不可抑也其殆乘炎方之盛德以大著其文章乎夫牛居元武之垣而騂直配南方之朱鳥則誕降嘉種其子誠屬不凡哉即或其子文明獨負惟恐以過於表暴者傷厥考心方將深晦之乎然而文章何可晦也今夫牛而騂也此其正色之殊尤豈非本朝之所尚哉周家亦爲流屋實膺受命之符故定服色以

（生發不窮妙有意義）

（一波三折）

彰施大半依乎火德此騂之所以特隆也昔者戊辰烝祭入廟必曰騂牛辛日始郊貴誠亦惟騂犢聖天子明貽在位謂如是始增赤刀大訓光也絕不意遴迹自身者竟能超三月在滌之舉應運而呈其絢爛元公亦歸遜膚革定周官之典而命牧人以陽祀其職隸於司徒此騂之所以見重也厥後六變相承騂犧映龍旂之采樞衡特設騂剛參白壯之班賢孫子禴祀以求謂如是始壯玉戚朱干色也而豈知英姿特出者即在此九十其犉之內崛起而發其光華然則犍生者將不以騂遴謂其奇乎赬豈在尾丹豈在顏今而有耀於外觀也奚啻詠如虎於公庭質而言之曰赫如赭

氣體尚實吐屬宏曠

然而物色者能不於騂先徵其異乎弓猶可翩種猶可冀況乃為牷之全體也詎等賦有騏於坰野詑而視之曰赤而毛而騂然者且見其頭角矣有子如此尚得因犂牛而輕視之哉

截金琢玉

英思壯采咄咄逼人於題位不溢一黍是謂才大心細劉炯甫

騂且角雖　三句

蘇州潘本義

物有可珍、不以所生者而廢也、夫物亦患不騂且角耳、不然雖欲舍得乎、君子是以無嫌乎犁牛之子也、且凡物必有足為天下用者、斯不必待用于天下而自制天下以不得不用之權、蓋名材既非易覩、斯結實自有定評、古今來往往有流俗之所棄而帝者鍾之、則其樹立者素也、吾茲有感于犁牛之子、從來奇質之挺生、不寔閑乎種類、意計之所不料、而殊尤出焉、天亦若以寵其嗣者抵其先、使錄厥才于含生負氣之餘、而可以獨覩其振拔、然後來英傑之意氣、又半𦵏于深文資格之說、一起而物議洶焉、世又且以

薄其親者遺其子遂抑其氣于牧豎耕夫之手而無由獨顯其瑰
奇若是則騂牛之子其庸有異乎雖然非所語于騂且角者今夫
五德之乘當王者貴騂剛之所以歌于頌也四時之饗惟正最供
角握之所以重于禮也則茲之牛也顧不尚哉而殘者乃以犂牛
之子會之會之亦何足為茲牛惜獨是產之者既開世而一生當
之者翻掉臂而不顧彼天壤間其不為犂牛之子而不騂且角者
何限不測之用將彼之用乎吾知山川之意有大不然矣負倚質
而來而欲以袞鳴俯首者與幽靈邀知遇之際我知為騂角所不
屑然而理固可信也庸庸皆登進而登樽俎而奇尤在我豈畏神

蹦不牖其靈則當其頎影徘徊此生早不作泥塗想矣蓋般以樸須寧至踈以相遇而謝塵埃而獨通帝謂將群疑滋起不能奪名山大澤之心所以邁迹而起者遂文繡以升而君相不得任其權（声出金石）亦時命不敢操其禍挺殊姿而出而徒以舉世莫知者與寘讀言（此即聖賢）（用世意）不言之契夫更非騂角之本懷然而志固可号也訥訥者百出以沮英奇而神物有知將賞識自別神其鑿則當其賦質非常此材原不許田間老矣蓋奇而有屬寧復舍而之他而深元感而獨結知音將紛論紛騰不能剝剛而岳雲之愛所以賞極其全者自遇繇其成而以醇脩為養氣之令可即以馨香為饗帝之功臣則甚

矣克自樹立者不以其父掩也豈獨犁牛也哉

滿眼精神燭天光欲如甘興霸以鼓吹助戰彌覺壯氣毅然　同

錢升先生

一噴一醒再積再厲妙都與題分相入故奇情俱闢至要　饒奔　原

擊磬襄入於海

毛成勛

終訖掌磬之官入海有同人矣夫襄固擊磬者也與官少師之陽
而同入於海較之太師諸人不更有異乎嘗攷樂之作也金以宣
之玉以振之是磬固居樂之終者也乃不意守玉石之器專清越
之音竟與樂佐者同抱遁世之心且較諸人而愈遠焉如少師陽
心靈手敏
又何所入哉第見其行將遠適既不在齊楚蔡秦之邦尚有借行
亦不同踰河浮漢之輩蓋又有所同去者斯何人哉則擊磬襄也
今夫襄固夫子所嘗學琴者也意其人尤伶官之賢者乃泗濱之
浮磬襄實司之堂上之玉磬襄實傳之既有佐樂之官豈可無終

樂之人倘或念切宗邦悲同官之遠去聊姑留二猶可爰奏六
成于魯室也則何必抱器于窮荒為托足之區援音于島嶼為隱
居之地哉然而襄則相顧以起矣彼職掌少師既欲辭乎故府專
司未卸何復厠于在庭能如是乎與子偕隱可也既去父母之邦
何用更求禮樂之鄉陽之思在遠遊襄之興亦在高蹈況東海有
人也北海有人也汩沒杳冥之境何不可移我情者遂攜少師而
同入於海焉而幾忘曹鄶之一室矣且夫襄何以不與摯適齊何
以不與干適楚與繚適蔡與缺適秦也必與陽共問諸水濱如曰
避地不若避世則河可入也漢可入也復何為與陽別有入也豈

不以羈旅中邦猶同故國之就衰合伴遠行乃見碩人之高致乎心愈苦而迹愈遠試依我磬声此中必有大不忍者也獨怪鳴球之餘一變已足海濱之處二人同心他日者夫子亦有意于浮流（除少處入○清）襄且可與子撫琴而歌作海上之音豈惟得少師為同調哉迫至擊磬于衛貽譏鮑葉世事愈可慨矣記者侍以襄繼少師而終之意固有在哉

筆意高超洗盡膚庸　阮蘊邦

眼高千頂舌轉如輪非尋行致柔者也　郭敬堂

擊磬襄

廣東吳宗師科考
清遠縣學一名 周必大

職隸樂終其人亦若為之殿矣夫磬固立辨而收樂之終者也乃

借映、擊磬

襄寔職茲後終舉之不將視諸伶而更愴乎粤稽有虞以擊拊鳴

從○磬○字○看○思

前○憎○後○襯○

豫斯時之樂效職者惟有念于樂之告成可知也乃今為之前者

傳○神○寫○照○恰○在○阿○堵○中○

既肯無宣豫之忱則為之後者膺必循擊拊之樂頌其職而思其

不○意○雖○然○

人君子轉不能不慨夫前路之尊而若為絕望于樂之告成矣請

確○切○移○他○句○不○得○

終觀擊磬名襄者夫襄非吾子所嘗從學琴而為有道之伶乎哉

從○磬○字○看○出○二○意○立○通以篇

何幸問其業寔職茲擊磬之後也今夫磬以立辨有判別之意而

之○局○只○責○襄○立○職○一○反○照○入○海○鄙○是○空○中○布○景○言○文○陣○境○

聲以待振又有持終之思一如循乎辨之說也者則吾得以任樂之

道責之蓋習其器當思明其義而叶于華黍用各有所肆可泌露
分不可于舉得于一磬乎判然爲胡至舞佾歌雍竟出宗國之大
二比承上二比意較推
夫而莫彰其辨别一如循夫振之說也者則吾得以維樂之道望之
蓋總其成宜思救其敝而終條終理手飭其歸同寅同僚篤宜與
挽舉可于一磬乎企之爲胡槻較沉奇寫覺脈相說以遄征而莫
總前成章法
此二解完結立
巽其振救一若是襄也悪得爲有道之伶乎哉一雖然襄固專辨于磬
亦意　一的起下二比　亦挽二意上用比偶此用單
者而彼之罡辨襄莫之何也一誦那猗而依我磬殺道隆從隆襄固
行而單行中又各有七偶卓法錯綜變化進而入古
不雖奮其技于嘒管淵鼓之間而衎我烈祖詠淮水而笙磬同音
道汚泛汚襄亦可暫屈其技于鐘階簫雅之側而念我淑人至夫

持終維樂之責。襄亦徘徊良久。而職隸未籍。欲救不能。欲挽不可。（此○又○一○首○究○結○持○賁○引○起○入○淘○）
非不念師工聚首而執鼓以俟。金以鼓之。玉以振之。周觀音樂之
盛。獨奈此時達人作而欲擊何從。鐘其弗考。磬亦幾懸。徒愴邦國
之瘁。則維持之無由。而立辨之義亦終虛。而靡有寄矣。襄若曰吾（○歐係○叙○后○二○章○并○取○前○二○意○有○曲○終○不○見○江○上○峰○青之妙○）
職隸擊磬。莫為之前。則亦莫為之後。而其道窮矣。其偕少師而相
與浮于海焉可也。若然。襄將不得為下道之伶乎哉。（○再○左○成○章○）

着眼磬字看出辦拔二意一難一解然情趣處生出情趣令下
意曜然言下章法變化錯綜曲折幽異古調久不彈讀此為心

賞

擊磬襄　周

考

命

擊磬襄　借刻孫承恩今許正　陸貽典　勅先

次伶人而及襄、難以克終于磬矣、蓋擊磬有襄、固磬之所以慶得人也、而今也能安其職與、嘗考樂官之制、以金聲之、以玉振之、則磬也者、固全樂之所統會焉者也、乃八音已況于故府、而聲繚且散于四方、則雖抱搏拊之才、而奚所需統會之同歟、記者于師陽之下、復次擊磬襄、孜之周禮、鑄磬者有磬人、掌磬者有磬師、爲搏爲肱、其制詳之、攻工立辨立哀、其聲審之樂記、故取善之夏后、以懸門乞羅之臧孫、以貫國、凡以磬之重且寶也、而襄者、則夫子所從學琴者也、夫八音之用、石不兼絲、五聲之和、商不奪角、豈襄也

○恰○好○來○句○

原評○先將磬字作一束

○原○評○思○致○細○巧○

有均善與然吾夫子始以琴而遇文王繼以磬而感荷蕢烏知非
更為新穎
學一而兩得于襄也襄固長于樂者與且吾聞磬有異名矣有虞
又將浮字擊字分疏細巧無一泛設
曰球有周曰磬然放泗濱浮磬之誌則夏有同稱咏依我磬聲之
詩則商無別號以知虞周其偶別焉者也吾又聞擊亦殊法矣重
精于經義非尋常摘
擊曰擊輕擊曰拊然據戛擊鳴球之說則比以人聲而尚清審磬
句若比
磬將々之句則合以眾音而尚和以知輕重亦因時焉者也而襄
又借鼗鼓作襯　嘗
之善此為何如者有瞽之詩祝圉而先以鼗磬則磬固與鼗切比
上河漢映起入海巧甚
者乃漢之廣矣不可泳思襄安得從武而和與商頌之篇鞉鼓而
依于玉磬則磬又與鼓相諧者乃河之永矣不可方思襄安得借

叔而處與聞之磬異玉石故有為清為濁之殊而考冬官磬氏之掌上摩其旁下摩其端清濁之所由分也今則環顧魯廷上下無（又借）

擊磬伏入海之脉

別誰分清濁以相依乎磬辨大小故有歌磬編磬之異而稽春官眡瞭之司東方曰笙西方曰頌生成之所由寓也今則我瞻四方（此[illegible]）

所以入海之故

東西靡騁誰念生成以和鳴乎而況太師以下共遯縹緲之鄉少師一人亦動翱翔之志襄獨以惓懷宗國獨殷諸伶之去轍而以（班馬）（以勝似柳風致五進）

絜身高蹈聊踵少師之後塵自是魯廷之上又少一擊磬之伶矣送君者自崖而返磬聲與琴聲俱杳矣

逐字拆做如杜詩韓碑無一字無來歷　李翰東

清聲古韻嵇叔夜廣陵散也　張宣四

神巧從經籍出新穎非常想見之衆觀海市絳宫明滅是蓬萊

○君字勃先博學工詩著元要齋稿瀨於諸集工書法漢隸尤卓絶少爲諸生窮困以終且又無子東澗所云叫閽有路天應泣浣土無兒鬼亦饑魏祝予後又見于君悲夫　謝憲南

點爾何如　二節　　周學健

各據所志、各可與也、蓋點與三子之志、或異或同、各可據而各足信、奚必異者與同者可商乎、且志者何士所據以約其心也、心自約之言自徵之、何必異何必不異、〻者自異不異者自不異無他、心所據也、當日者侍坐言志孰則異點異也點曷異以三子不異點、故異匪點異三子異點也而點初無異雖然異甚三子者言志渢〻乎有自席間來而不絕如縷者伊誰氏之瑟也舍而作〻而對態風雲乎有度言金玉乎有章一似重有異爲者異何傷不異不足以見點雖然點點之異不異也點不異乃大異也時斯時服斯

珠玑措落　古趣　姿態橫生　鼓瑟行忽止蕭然自如

周幼逸稿　　豫章書院會課一名　　下論

周劾逸稿　　豫章書院會課二名　　下論

服人斯人地斯地奚異浴則浴風則風詠則詠歸則歸奚異而不
知此乃點之所以大異也夫向者三子之言何如點爾何如夫子
闖之於斯也又何如異哉一堂之上點陶然子喟然三子之出也
（山斷雲連出沒無常）
爽然而曾晳之後且懸然夫曾晳非敢後也抑以三子之志爲
一彈再鼓而聽之竊以爲異鉉誠不能無異於三子者之言也何
如而子曰奚異也合三子之言點異剖三子之言各異志各志言
各言三子各可據三子各足信奚異也雖然異亦何傷當日者師
聖於上兼狀並與友賢於下此參彼訂林泉化雨几席經綸春風
（結神理具足見得大意然不盡）
沂水體之固同流於天地兵農禮樂達之可浮雲乎堯舜點乎三

子乎杳席間自足千古已何必異何必不異（江上峯青）
幻化無端如雪浪排空白雲迷野　原評
純以古筆行文參差錯落屈曲變化如百尺游絲獨裊晴空或
盤鳥道或倚花叢斯天下奇觀也　鄧際雲
卧聽踈々还密々曉看整々後斜々　韓又藻
如題曲折赴之活潑靈動非關筆妙自是理足○與點并與三
子各言其志自是題眼只上頭下盼異處不異不異處異縱横
說來大有神通便開生徑耳　宗德

點爾何如　一節　徐源

賞賢者之異其受知之神全也夫點似不以人知爲意而子則觀之矣哉函與之且合人累心未盡則世界內事皆得以亂其胸而使之嗒焉喪其所有故古來真用世者未嘗預結一撰以自局而止存此曠然無系之神則子與點意乎夫點之異乎二子也豈徒言志而始見哉方其欲答鼓瑟時而意固已深遠矣雖然士取其足以濟時矣用此嘐嘐自喜之輩言責乎有以課績豈寄之悠悠衎樂之場莫春數語幾與知者爾之問無關而子顧與之吾知有以窺點之深也大凡定天下之局者決不可有求於天下蓋識力能超一世之上而後可肝衡一世也語今氏傷稍鶩其曠蕩何由取賞心樂事以達其寧靜致遠之觀廣吾心之

皇明八趣春秋集 下論 崇禎戊辰 刪繩居選

參者原不留一事於吾心盡精神不受材能之釋而後可擇斥材能也誠知事業不生於有欲豈屑以知名勇功自小其撒揭古今之緊甚甚

他人題不利

真有異焉者耶惟聖人之憂患取其同軫一體之言去則愈貴難於鑿任雖浮雲富貴仍自悲天而憫人也不同不可以駭世也唯賢人之蹟

力取其異挾非常之才能乃能自遂其神明雖反掌乾坤不過取權而寄暢也不異不可以許身也而究亦何異也哉所異者社稷民人毫不以攖其慮而五六〻七之陶詠初非遁斯人而入鳥獸之羣所異者無農禮樂舉無足服其心而沂水舞雩之往來亦非貴知希而痼煙霞之疾然則點固世道中大有心人也對此自禍之儕侶而不爭和不爭利公天地之陰陽險易而一無所私就其一日之忘性而樂則行憂則違

驗消息於進退存亡而不失其正。順應而識高則宇宙可以在手。神而累盡則天下可以不與。喟然而歎。觀其深矣。尨眉而談。如武侯隆中數語。令阿瞞大耳兒紫髯奴俱不出指晝中。

楊維斗

不作竹林風致語。深華高蹇。一洗荒涼意景。吳雨來

點爾何　徐

點爾何如

江南牟蕭臺閱風常
州府學超等一名　顧　述

有自得之象者聖人後二子而問焉夫點之侍坐其象固何如者
夫子曰是（微會）可以及點也故問不必先求赤也且夫人之氣象往往
有使人即之而不能遽以發其胸中之蘊者從容之致已溢於未（逌然妙會便見此一問自不可）
口之先而自得之形尚見於聲言之後雖在夫子其能不循循以
叩之乎考四子侍坐而點居其次點之對當在子路後也即子路（王批六徑上合）
見哂點或微察其哂之之情而固以易其率爾之對吾知其必有
合也而點不言也子亦不問也曰求爾何如曰赤爾何如點若為（王批題前波峭）
[illegible]聞之者而點固油油然自樂其樂也噫夫子用則行而舍則藏

科考卷知言集

淵（主禮事外進致）顏氏子其庶幾之，而時又不在坐，夫子其將不及點乎。一日之
長，惟恐傾寫之不真，三子有言，獨任點一人之默默，吾知夫子必
不爾也。抑三子之願聞點也，又急矣。陶陶焉，浩浩焉，言有聞而中
無執，言未及而業勿還，即我夫子未進點而語之，而點已若神為（動刀甚微，謋然已解）
之，而告者，而謂夫子能忘情于點哉。是故子之後求赤而問者知點
不失之于後也，願已切而事未來，雖謹慎出之，皆他年之經濟耳。
先點而言者，安知不後點而待乎。不然，考證之所及，即有可取懷
而與者也，點何如也。子之不先求赤而問者，知點不逆之于先也。
時未至而念徒殷，設上下達之，皆當年之口寔耳。後難而待者不

正。先黙而哭乎。抑無擬議之節。至陛有可應。念而經者然何如也。竟佳妙。
領取通身神氣為何如兩字。添毫都一字不犯手。此為神到之
筆。王若霖

無題處覓題。故識微而神遠。明庚戌啟霖先生此題文云。此一
問與求赤自謝。從容鼓瑟。語在題後。神在題先。領會曠遠。便覺
曾點氣象。恍然在即。此諸端即其自道。與所謂雖其有之。是以
似之也。馮泰巖

點爾何　顧

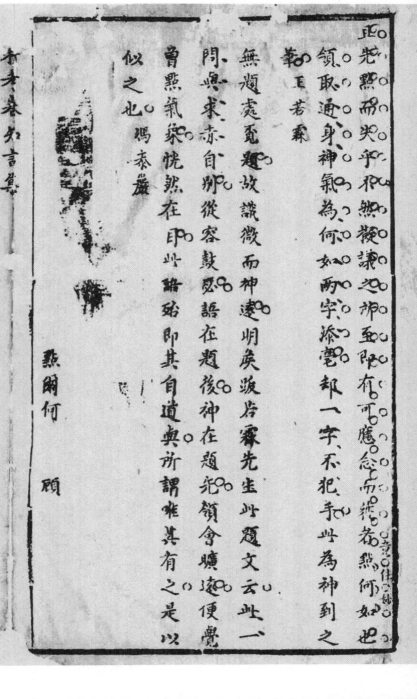

雖在縲絏之中　免於刑戮　楊方遠

士貴無可刑之罪而免不免均賢矣蓋刑之無因而至者非可料也縲絏之長其無罪不在南容下矣是當以免與不免相提並論也且君子自守止有無咎與保身之道網羅之禍其不幸也故不謂獄成之下便無良士而惟知尤寡之學可以全歸彼法無常固非可以定人品耳一如公冶長可徵焉今之世賞罰混矣刑既不足以懲焉罪實難以免縲絏之中有公冶長其人焉當日波涉何事飄蕩何人對吏之下能無惕息士君子至此不重嗟身而雖然長實無罪也懷刑在念日遠害而乃以如身蹈罪無因

一句一漢一擒

一頓一斷一字一縣一出

何天而竟難謝世既不得置績盛鄭默垂竹帛文不得免禍亂（割○除○十八騷○……對○原○）

（免○於○刑○戮○）

世身處優游獨有素行自信可對妻子耳夫子之妻長識有取於

（○真、下、者、、、、）

此者一時又有南容者謹言有意惴恐啟羞於出口之間尚德為懷

久已致遂於煩刑之口所稱言足以興黙足以容者南容有焉又

（、、、天、然、出○盼、、二、、、○　兩句○側出）

何至身罹縲絏如長之受辱哉故夫子以有道不廢許南容而又

（始得一氣貫注　○　總○論○一○段○入○面○員○足○）

決之曰無道免於刑戮勉之止亦重之也夫值險健之徒无妄或

以相加論存順之學沒寧始為無憾無可罪而得罪因奴自有令

名賁可刑而不刑蹤濟亦為倖免君子亦為其可獄妻子者所已

豈必求苟免之術哉故以容相較縲絏之長又何尤也文網甚寬

世事之乖也以長相較無罪之容又何慚也明哲之智守身之正也不然衆雖如長夫子既不以為長過矣而南容消失于胡又深取之哉

綰合非難難手義諦名通結構緊健非沘家無此老辣

雖有其德　三句　馬世俊

尊禮樂之權、則德亦未可恃也、夫禮樂雖基于德、而權所不存、奈何妄作以開僭端乎、爲下者固凜然不敢矣、且人君撫明盛之運、而大臣敷陳禮樂、猶或謙讓未遑者、德未優也、然其恃賢才輩出、即取正朔服色、毅然釐正之、豈有疑其僭且僞者乎、乃禮樂匪直愚驕尤愚、倍然禮扶明掌樂奏清廟、既欲操協時同律之柄、而僅側身于進退之班、則倍于掛而有所難行、禮定崇卑、樂察治忽、既欲求辨分和民之本、而先處己于踰越之地、則倍于眼而有所難懸、三代而下、豈少禮樂之德乎、然質非尚齊之亂、雖智亦愚、胄非皇王之遺、雖貴亦賤夫卿傷奉佮之隣今懷古先之風烈罔不敢私擬制作自取悖戾也雖同盛典在躬不難綢繆講閒以補偏救弊然是禮而問樂而激姑以為匹夫之修明而已矣進而藴濟濟在公之列叅末議則有之矣樸本計則何敢也亦謂此道之所存而非權之所存庶不至于誣上而行私焉耳雖同慾行所積或可蒐討殘缺以興滯效功然柱下求之太師校之姑以俟他日之匡矱而已矣幸而過殷殷下問之至謀諸野則有之矣斯諸朝則何敢也亦謂此志之所存而非事之所存庶不至于蔑紀而誣法焉耳蓋德之所在以叅著述當使後世議我之紕而不議我之雜於禮樂雖式識之日然則之者已有人守之

者已有人在下者有不循其臣子之心則居上者亦將有輕視其國
又從自而翻入自用無其不援
宗之意無論臣之倍矣且何以保其君之無驕乎哉聞學既足以酌
益兼秦秋哲折以興也
古今當使天下畏我之慎而不畏我之尊故禮樂處沿習之餘將可
損者非一事可益者亦非一事有德者以神聖駕其君公則無德者
亦必以聰明侮其典章無論人之倍矣且何以明已之無倍乎並天
而欲興禮樂也必不使獲中蹯和之行反生于草莽之家人而欲成
禮樂也豈可以賢文性反之衛統誘于詩書之彥觀于無位之不敢
作而禮樂益重矣

只淡寫不敢作如何見是有德能闢能歛能求能核能悉末蘊諜

諸野乃確是有德如孔子之憲章從先固與齊民之不儕自異也起二股即繪無位妙自協時同律辨分和民翻出乃其所禮樂之必藉有位後幅寫有其德妙處德性之純問學之慎翻出敢字新此用意自然句有眼字有韭必無平鈍膚泛之患矣

雖有其　焉

雖周

採真集　杜汝濂

以治地觀周、有不恃其為周也、夫周似可獨成為周者、乃由公田觀之、周亦何嘗自恃其為周也哉、今使我周禮不因殷則治其田疇、夫亦可創之自周矣、乃創之而終無可創、因之而轉妙於因、則居今日而溯周初、覺創制雖多、而原田都鄙之間、其不自周始者正不必為周異矣、詩詠公田、是詩周之詩也、公田周之田也、觀於公田之詩、因不禁恍然於周矣、五霸迭興、以還爭地而割膏腴、用民而荒畎畝、周原無復膴膴矣、而不謂詩歌所載、猶得傳我周疆理之謨、則無是詩而人幾忘周、有是詩而人始見周也、列國并吞而後、井閭而築虎帳、田野而駐雄師、周黍空嘆離離矣而不謂篇什所陳尚得溯我周規為之美則無是詩而吾難以定周有是詩而吾得以證周也且夫周何如者丕顯謨而丕承烈一代文明之治較商朝而倍發其光則畫井分疆何不可獨創規模以煥蒼姬之景運乃耕耘之侶襏襫之儔歌詠流連未嚴別調此以知周之君雖邁乎商而制度不必自為周也登岐山而瞻廣畝猶一想聖明制作之精心旦周南而奭召南二公宣布之猷視商邑而徵其盛則則壤成賦何不可獨新法制以恢賢相之經綸乃叱犢兒童荷鋤老叟鼚軒鼓舞猶譜古音此以知周之臣雖勝乎商而治田不必別為周也入故府而考舊章猶可見昭代創垂之本意制度經數傳漸泯其勢必難以常留前朝規畫而垂之後王參訂而更之此亦難為

周料者而周之為周自若也周先王廑念民依特于為沿為革之方若有舍殷而難為周者迄于今賦稅增收黍稷之籍頻匱公卿僭竊楚茨之鼓無聞而紬繹田歌昌禁於周而鄭重思之疆界當變亂無章其法幾難於返始祖宗經理而定之子孫隳壞而失之此亦可為周慨者而周之為周仍在也周先王關心民瘼為念盡美盡善之舉若有借殷而兼資周者迄於今朕畝之服耕非舊孰緬遺規先疇之餘澤幾湮空留片壤而披吟往籍偏覺于周而恍惚遇之雖名曰徹亦助而已

雖周亦助也　　淮海集　李錦

且王者易姓改物其於因革之間固將取舊制而一新之也顧仍舊為因因則無取乎革更新為革革則無取乎因乃有因其實不因其名革其名不革其實遂令泥古忘實者皆疑為革而不知為因吾嘗載繹篇章不覺恍然於其故矣助有公田則助法非殷獨用明矣吾既覩大田之詩安得不計及周乎周先世基開稼穡陳常有后稷實與契同祖軒轅則契之後可守遺規稷之後亦可遵成憲誰謂鼎遷洛邑而興朝之經理非猶是勝國之先疇也文獻無徵亦於詩徵之而且周先人職守農官徹田有公劉於商家實居侯服則祖若宗既遵王制子若孫亦率舊章誰謂社屋殷墟而

膴膴之周原非猶是翼翼之商邑也農田無誌亦於詩誌之而已
以云夫助雖周亦然也吾觀大田之詩而有悟矣通力合作周於
助似有不同試思以助言之則六百三十畝之地顯判公私以周
言之則八百八十畝之耕無分彼此安見周之亦助乎不知規畫
雖異而水旱與共豐荒與共則同故欲謂周之即助而不能欲謂
周之非助又不可也同而異異而同也計畝均收周於助又有不
一試思以助言之則此歉彼豐穫稻各分上下以周言之則衰多
益寡取禾不至參差安見周之亦助乎不知制度不一而以一歸
上以八歸民則一也故欲混視周之與助而不得欲歧視周之與助
又不宜也一而二二而一也然則謂周人每夫百畝公田即在民
田之中異乎商人自耕七十公田即在民田之外者非也夫三代

雖多損益然但以助稍更其制非廢助盡易其經況周詩南山之什中田實咏有廬可知中即公田無取公寓於私之説也今日者法制湮矣而畝欲盡東王命猶可抗霸國年不足用徹法猶請自儒生而果念體國經野先王猶監於有殷則亦何敢遽違軌轍也哉然則謂十夫有溝鄉遂用貢法異於九夫為井都鄙用助法者亦非也夫王道本期畫一豈有王畿獨遵乎夏制邦國猶法乎殷人況周禮司徒之官遂人實言興耡可知耡即為助無取遂亦用貢之名也今日者典章失矣而田賦有用祖制漸即凌夷阡陌大開成法盡傷隳壞而苟知制産授田國家皆率循前代則亦何敢頓易範圍也哉公亦行助焉可

雖周亦助也

雲中官

周之不能廢助者乎。詩可徵信也。夫周之行助乎。古無考。而公田之詩可以意斷之。助法之善何如哉。自我周以農事開基。而後世代（原批：小講單指周字作緣起）有勤民之衷。在豳陟原既親聞。夫廬理之宜。康功田功更熟知。夫稼穡之務。造至豳風告示則于前世因革之宜。利敝之徵知之蓋已器黄。及。一代之制。故周官明制者宜以周為斷也。（重頂周字。方激得虛字出）而吾則于公田一詩而竊不能不嘆。夫助法之善焉。蓋世從見夫夏商政者周也。而成周之世。已非復自古在昔。然穗然理之舊。迨觀之此而可曉然于助法矣。雖周將焉得而易之。世從見夫監二代者周也。而阡陌非

古獨等諸不相襲禮不相沿樂之文追觀之此而可恍然于行助矣
諸賜又焉得而更之蓋凡吾人之論古也貴乎其大者識之自周之
○敘○助○法○盡○廢○意○一○跌○
勖助爲徹也而欲問先制于殘闕之餘其間規爲節目之細豈能憑
○繫○要○在○公○田○二○字○
藉古人之成法雖無遺跡可求而惟此公田之名獨見于簡
繫此亦大意之可知者也周雖與殷異名不與殷殊實也吾人之讀
古史實以其間而求之以徹之與助殊名也而抱遺經于曉近之時
○就○典○籍○不○行○語○一○跌○
即周官周禮之書皆葉譏故府之議乃隰畛之舊制亦無疑義可求
而獨此公田之名則于周行此亦古人之于哉以其間也周雖有
更法之名無改制之異也而吾乃知周雖行徹而寔即行助猶之殷

雖行助而亦可名為行徹一也試觀公劉豳館之年猶然侯服于商何敢私易商法之舊而其詩則曰徹田為糧則知徹之名本不始于周世而後日之行徹視諸此矣豈嘗更新也哉而吾乃知周惟行助故下有歸德于上之思而深致意于公田亦惟周室行助故上亦有藉手于下之思而深致意于公田亦一也試觀成王命介之年國典新民耳目之樂而其詩但曰駿發爾私則知公私之制悉仍夫滕國而後世之行助視諸此矣何莫非由舊也哉夫以助法之善周且用之而謂後人獨可廢之耶

予觀氏于無據中尋出憑據止公田一詩耳斬除沙更尋出二詩

徹田為糧，騐發諸私，心快目使，予與民而見之，應有慕予之嘆。

黃際飛

議其大來其間，只從公田証其亦助，意妙有議論，故不滑也。本云周治周此却云殷亦名徹，可窒變名以新天下耳目之說，本以公田論行助，却又取私田互証，是亦可謂善讀古善論古矣。

雖周亦云

雖柔必强　二十六名　張光銅

柔進于强固執之功大矣夫人而柔强非敢望也策之以必强誠之之力不大可恃乎今夫天行至健乃授之人而不盡剛德則天之事窮人道有為乃受之天而陷于巽懦則人之事亦窮惟往者動以震而不狃于需斯不難以坤之順法乾之健人定勝天而委靡胥化固不恃汝〻者之能改故我也雖愚必明固已試之觀之柔且夫柔與强大相反焉者也天下之事貞于一柔則二三靡定外奪于衆欲之攻內沮于庀念之怠脂韋不振碌〻者遂謂降才爾殊生人之守期于固柔則游移鮮據有所制而才難獨斷有

大氣排奡

反面說得透徹

直省鄉墨會雅　一百七十五　陝西

所憚而力倦半途積弱難支靡靡者乃至相忍為國如是而與其强安苟必哉而正不然莊敬日强修身之要柔道之牽原不足恃也一自矢其百倍之功則道岸誕登舉德之有三道之有五固不（眼定上文持論正暢）躬行實踐視向之畏難苟安者無有矣夫好寔無厭內多慾則不剛柔雖可患進于强而何患乎（羊神搖我）已就月將精神作而身益修彼皋陶之言九德也曰强而毅吾直于柔而能立者決之自强不息行政之本柔氣之懦原不可存也一自憚其百千之力則發憤自雄舉經之有九行之以一直可勝任愉快視向之退縮不前者迥異矣夫國恥足興中有主則不疚柔雖可慮進[illegible]强而何慮乎宵衣

旺食志氣奮而政立行彼洪範之用三德也曰彊弗友剛克吾即
于燮友柔克者斷之昔文王處明夷之地著美徽柔而不聞亦式
不諫亦入則強甚矣使于此語柔者以企及必皇然謝而無庸謝
也翼翼者強之體亹亹者強之用果不甘自畫始于柔固終于強
也我觀思樂一詩頌僖公之允武強之驗也況文謨具在豈可安
于水弱民玩之常在武王當養晦之時一秉柔順而以義勝欲以
敵勝急則強甚矣使于此望柔者以攀躋必訝然疑而無庸疑也
執競者強之有諸已無競者強之勝乎人果氣質善變見其強不
見其柔矣我觀費誓一書載禽父之命師強之徵也況武烈猶有

直省鄉墨[illegible]

何難取乎需在天上之象蓋柔則可茹弱固原于六極强則不屈志在奮于崇朝雖柔必强人存而政舉矣公其念諸

樸實說理水淨沙明原評

理境題能出以典雅斯為戞戞獨造

雖柔必強

一名 翟用章

以必強最魯君欲其不以柔自安也夫柔之去強遠矣然能盡百倍之功者則强亦可必哀公其知之乎且夫勉强而行者其終與安行利行者同歸于成功之一其初固天下之至柔人也惟不以柔自安而遂不終于柔夫乃嘆才力之果可變氣質而已百己千之道誠不容以不講也豈但愚之必明已哉夫論達德之共秉畫人而賦以知者亦盡人而賦以勇原不以形生神發之稍有或異而遂殊其剛健之本而論人事之可憑知可以企而及者勇亦可以勉而致極諸氣拘習染之萬難自勝而乃見其振厲之神頑或

圓○精

直省鄉墨大翁雅　一百七十三　陝西

者自謙曰吾固柔者也柔而欲進于強豈旦暮可必之事哉而抑知果能此道者則又兼慮此天下最重之任柔者舉之莫能勝也然以其莫能勝而遂不求舉焉則以柔自惰斯無望其終強矣豈知莫柔于自惰即莫強于自振其所惰能此道者不以柔為成若性而可自安即不以强為非己有即莫能致艱辛備歷淬厲申之精神乃真不可遏抑焉又安有舉而弗勝之慮也哉天下最遠之程柔者行之莫能至也然以其莫能至而遂不思行焉則不自求强亦無惑乎其終柔矣豈知莫柔于不求强即莫强于不自安其求能此道者不以已之柔為屈于天而必伸以人一不以人之强為

雖欲勿用

勿用所可〻者徒有其欲而已夫可用者莫騂角若也乃竟欲勿用矣然亦第人之欲焉耳且吾甚惑夫世之欲見用者而曾不一自審也頤天下未嘗無可用之材而操任用之權者往〻以私意為去取則欲已之而不能夫已之而不能其果彼為政乎如犁牛之子而既騂且角矣吾意覩斯物者必將曰物之合乎時尚也如此將見用之以將誠愨而誠愨將也物之中乎犧牲也又如此將見用之以薦馨香而馨香可薦也斯不亦纖拂乎人物之道而大慰乎騂角之心也哉而奈何欲勿用者之說紛〻也一時之公

卿大夫以為斯物也問所自出其何以隆雁獻之典其何以將委脩之儀勿用可也即一時之父老子弟亦以為斯物也原所從來其何以祈神之必歆其何以佇[illegible]之必享勿用宜也則甚矣欲勿用者之說紛紛也〇轉入〇翻〇字〇正〇生〇然吾為思之是必有怪其勿用者矣〇拔〇下〇意〇映〇起〇夫怪之誠〇雜〇字〇已〇在〇言〇下〇是也然而亦不必怪也蓋彼之欲勿用者非他而騂也抑必有禁其勿用者矣夫禁之誠當也然而又何必禁也蓋彼之欲勿用者非他而騂角也〇偷〇下〇得毋謂禮莫大乎祭〇再〇曲〇一〇筆〇即小物不敢苟吾則從而問〇雜〇字〇之曰爾之〇恰〇在〇簡〇中〇吉處者非騂乎果其非騂則騂者已矣不然者吾亦不與爾爭矣又毋謂祭莫重乎牲即過慎其何傷吾則還而詰之

曰爾之欲來格者非角乎果其非角則角者亦已矣不然者吾亦自

有山川住　乃字上下用過搭法

不與爾[illegible]物之可用與否其故不繫乎人亦既有其必用者

雖字點　雖字下用襯墊法

矣雖欲抑而置之不過一人之淺見則然耳且物之可用與否其

對下山川

故亦不專於己亦既有其當用者矣雖欲擯而棄之亦祗一人之

縮浮住

偏惡則然耳其果勿用乎哉盍起而問諸山川

鈎勒虛字初學所難此亦取其易曉　第一層接反用字為雖字埋根第二層轉出欲勿用二字雖字反跌第三層轉入雖字正位只倒裝辭角于勿用下二字縮住使得字神二字細玩自知

雖欲勿用山　二句

歲覆德化縣　李廷田
學一等三名

設一勿用之想、乃神之不舍也、夫祭之可用者孰有如騂角哉、
人雖欲舍之而山川早已鑒之矣且操用舍之權者每欲拘于世
類而衆共棄之人間于是無眞賞矣抑知人或有私神無不公則
矣、明德惟馨烏必不在衆棄之中耶雖微騂角豈非可以用不可
以舍者哉將牽牲以告虔而文已取乎其純是殷薦之所宜陳也
將蠲吉以用享而體已得乎其正是以望秩之所必需也而人且曰
此非犂牛之子乎雖曰邁種其從出殊不可問也脫用犢以薦而
神其吐之可若何稱厥前愆所由來殊未可蓋也用潔犧以進而

帝用不歆可柰何盖欲勿用矣雖然山川固有神色合乎朝許
尚早有當乎馨香之薦山川猶是靈爽耳寧同于瘯蠡之疾而不
式憑乎彼挾其可用以來吾不舍其可用以往山川無容心也則
夫祭山川者亦何容心耶貿且罔正無偏早自許于豆登之列山
川自有鑒觀耳寧等于鼷鼠之食而顧棄置乎彼呈其可用于前
吾不舍其所用于後山川非無意也則夫祭山川者更何必無意
吾知勿用者應亦憯然矣于騂于姐是用敬享而今而後聊以
倫物也吾知不舍者又可共信矣郊焉廟焉神鑒在茲而余而後
無貳爾心也嗟乎物誠有之人亦宜然

雖欲勿用 二句 胡宗緒

聖人論用舍之權非人之所得而操焉夫勿用即舍也可也而乃欲之云者亦以明其徒有是心而不能操其權已爾物有山川顧不足恃歟且天下之事宜付之以天下之公道苟不付之以天下之公道而但聽其顛倒於一己之私情曰我欲如是云爾此取羞（妙）文之道也嘗試以騂角言之人之有事於山川其必用無疑者蓋（先正說一句）尉禮也聖人之心神明惟能灼知夫幽明之故而藉之以行敬抑又公理也即衆人之見紛紜亦且自動其本體之良而緣是以明

落雖字如月出波

心由是言之騂角可無憂於勿用也已雖然勿用亦有之而無傷

體人情態畢現
也彼蓋不勝其忌心而無濟也亦既明知其尤物卽何能不見而
服之而無如其可貴寔甚也將欲一屏以明所崇奉而奈何不能
降心焉遂不得不轉而索其疵累也其父殆犁牛之故也是以意
說盡苛情
不欲用之於山川也而無傷也彼蓋不勝其私心而無聊也素不
關其一成人參美卽何難黯點而污之而無如其寶不可誣也心
妙
思一逞以快所憎惡而奈何不能明言其然以為吾有別鑒焉所
一片神行
由殆犁牛之子也是以意欲勿用之於山川也山川得毋私乎哉
騂角竊矣而何以極彼私心平日遇事能斷而至于此則躊躇再
三幾欲斷而猶遲焉若潛有物以鼓舞之而並不自知其何以欲

勿用而卒不能不用之者此際亦見有山川耶山川得毋忌乎哉騂角又窮矣而何以極彼忌心不難操柄自我獨至于此濡濡無勇幾為操而猶索馬若潛有物以轉移之而並不自解其何以欲舍之而卒不能舍之者此際亦知有騂角耶乃騂角與山川是時俱在不言之表以默佚人心之自定而人卒自違其初願也然則山川何在即在於忌者私者難昧之心其不舍者即假手于勿用者欲用已馬不獨騂角然也

說得冰冷

妙

解題至奇至確從前人說不到此

體貼虛字入於神妙遂絕人攀躋之路嘉魚悟境也 程風衣

看題別有神解股法之流轉變化夭矯迷離如入仙源令人不

識歸路。許子遜

實遝他山川之不舍。即從欲勿用上見得。上向特欲翕故張。專

以逼拶下句。妙悟入神。變幻莫測。

雖欲勿　胡

雖欲勿用　　胡師晉　吟艤

以必用者而勿用、若難遂所欲矣、夫用騂角者人、而所以用騂角者、騂角自為之也、則雖曰勿用、人果能遂其欲焉否、告仲弓曰、天下本無終棄之物也、隨其材之大小、皆有以致其用、而況殊尤之品哉、蓋用在人、不用亦在人、而用不用之權、究非操之在人、則孰成見而強以相抑、亦適見私心之自用而已、如犂牛之子而騂角、夫騂者周所尚也、角者祭所中也、尚且中用之謂也、則非若犂牛之不適於用可知矣、然而車可駕、田可耕、即犂牛之不適於用、而猶不至於無用、豈宗廟可入、犧牲可具、以騂角之大有可用者而轉致慮於勿用耶其勿用者必其欲勿用也夫騂角亦安能禁人之欲勿用哉世途之顛倒也庸庸者備極寵榮矯矯者反多憎惡離羣絕類之倫湮沒而不彰也多矣夥其在物類之繁哉以騂角之可用而乃欲勿用則不以為邁種也而奇之轉以為素賤也而誠之指摘交加之際在欲勿用者方幸其為犂牛之子而得以藉口也欲勿用則竟勿用已耳人心之刻薄也聲稱之至不過如其分以相償毀謗之來每欲過其實以相責匿跡銷聲之輩潛伏而不出者此也夥其為奇尤之選哉以可用之騂角而竟欲勿用則不以其能幹蠱也而尚之反以其不克肖也而棄之忌嫉交併之

下在欲勿用者正以其為騂且角而乃必苛責也欲勿用則直勿用已矣雖然此特欲勿用者之心爾果其勿用在騂且角者非必自求其用也惟不求自用而人遂莫之或用則莫或用者無損於騂角而欲勿用者直顯棄夫騂角也夫操用材之柄則用之惟命不用亦惟命即騂角亦安能起而與之較也哉然惟勿用在為騂角者未必不期其用也使期其或用而人竟未必能用則未能用者或以騂且角而遺之而欲勿用者要不能騂且角而禁之也夫具可用之材則用之無損不用亦無損即騂角亦何必出而與之爭也哉山川之不舍有可信之以理者

前後要貼易施中二偶擬情激越顧視清高尤為集中出色之

作蔣慶門先生

雖欲易胡

雖欲勿用

胡暉吉（雲逵）

物有宜用而勿用者、亦人之見然也、夫物苟可以勿用則勿用亦宜耳若既為騂角焉而人顧欲勿用乎哉、若曰天生可用之才以為人用也夫可用之理存乎天而可用之權操諸人天既不靳其用之之理而人或故靳其用之之權吾不能不禁夫人之靳其用也吾亦任夫人之靳其用耳如犁牛之子而為騂且角也吾知必有用之者矣果其用之而吾為騂角幸焉幸夫抱非常之質而賞識有真是用之適以重其質也夫安可以勿用果其用之而并為犁牛重焉重夫具邁種之才而前愆克蓋是用之又以顯其才也夫何處其勿用而如其勿用也騂剛何以登於須騂牛何以列於書幾若忘當王之所貴矣殊尤貢質而棄之如遺人何不為騂角惜也意騂角必因勿用掩其良而如其欲勿用也宗廟何以用角尺賓容何以用角握幾若忘時尚之所宜矣奇異稱長而置之莫顧人何不為騂角計也意騂角或以勿用沒其實雖然用勿用亦何常之有天下有用之而不為榮勿用而不為辱者則勿用固出於衆人之公論若騂角而勿用得毋辱之甚乎而何辱也人世之顛倒靡常或者以所生不類而遂生輕置之思吾始以勿用為騂角惜也今而知不必惜矣欲勿用則竟勿用已耳天下有用之而

不見多勿用而不見少者則勿用固在於凡人之意中若勿用而爲騂角得毋慮其損乎而何損也生人之愛憎無定㦯者以抱負非常而遂切猜疑之意吾初以勿用爲騂角危也今而知毋容危矣欲勿用則僅勿用已耳其勿用也外至之譏評何與於無虧之照質雖終於湮沒在騂角不必傷人世之太薄其勿用也衆情之阿曲何關於美備之全材雖安此沉淪在騂角又何怪人情之過刻有山川在忍其舍諸

用筆圓轉如環　蔣夔門先生

雖欲勿用

歸梁

世多苛求不必諱也夫可用者而欲勿用幾於苛矣然其材不妨於苛求何必諱乎今夫聽當世之去取而不能自主者即俯仰於人必求一日之見容終無濟也蓋去取之途不必問之當世亦顧其抱負者何如耳抱負既異於尋常當世之刻責非所慮也吾為騂且角者計之是豈必見用于時始足顯其奇乎然而當世未嘗無用材之會也用焉必矣是豈必已用之後始足信其長乎然而當世未嘗有棄用之材也勿用焉多矣其勿用焉者非盡持論者之好為屈抑也夫具可用之材而受屈者世或有焉然必其實有

可屈故屈之耳敢於屈之屈之非枉也其未即易用焉而欲勿用者非盡持衡者之過於遲疑也夫扶可用之材而見疑者世亦有焉然必其尚有可疑故疑之耳敢於疑之疑之必當也乃若[illegible][illegible]且角者于此誰得而屈之乎然未嘗屈之不知其無可屈也彼夫扶可用之材者莫不慮有見屈之日吾于此反慮夫欲屈之者徒貲籌躇耳又誰得而疑之乎然未嘗疑之不知其無可疑也彼夫扶可用之材者莫不懼有可疑之處吾於此反懼夫欲疑之者徒勞擬議耳然則世有嘆用材之途之甚隘相傾而傷之以為雖欲用焉

乘可必得者矣要也彼自無其具而徒為不平之鳴何補

乎。抑。世。有。畏。夫。衛。者。之。論。之。太。嚴。旁。觀。且。愛。之。以。爲。雖。欲。用。焉。而。未。可。必。得。者。亦。莫。也。夫果有其具。而歷乎遴擇之途。何懼乎。蓋刻。莫。刻。于。求。疵。之。口。然。必。求。疵。而。有。釁。故。人。皆。畏。其。刻。是。其。刻。也。亦。必。本。公。心。以。出。之。刻。而。無。當。未。嘗。不。轉。一。念。也。苛。莫。苛。於。猜。嫌。之。脩。然。必。猜。嫌。而。有。據。故。巳。得。肆。其。苛。是。其。苛。也。原。或。採。公。論。以。濟。之。奇。而。無。據。未。必。不。廢。然。返。也。然則騂角者之可用也信矣。而豈得以犂牛累之也耶。

善爲雖字作勢　周安士

雖欲耕　清華集　葛樹槐

設言乎並耕若有難副其欲焉夫並耕固非聖人之所欲也孟子欲以曉陳相何妨設一欲耕之想乎且為並耕之說者方謂古之賢君莫不有並耕之事矣而自吾計之不特無並耕之事抑且無並耕之心然謂古人無並耕之事不足以服其人即謂古人無並耕之心仍不足以服其人亦何妨以並耕歸之古人謂當時縱或無其事固未嘗不有其心也八年在外三過不入禹何若是其切哉欲使高原下隰之地盡奏乎平成故皇皇不輟直以溺猶己溺飢猶己飢而所欲為甚大欲使下巢上窟之民聿安其居業故汲汲不遑必思水土自平鳥獸自遠則所欲

為甚宏禹之所欲其如是其大且宏也豈或計及於並耕哉斯時即有以並耕之說進者謂君而誠賢自可與民耕而食何為收穮秸之納而厲民以養也則勞心者尤貴勞其力矣禹必曰吾不欲耕謂天下之治豈不可以耕且為曷不舍隨刊之勞而種粟後食乎則治人者必不食于人矣禹必曰吾不欲耕然竟謂其不欲耕不足以折並耕之說也則且謂其九州奔走之餘時欲載芟而載柞則且謂其四載是乘之日時欲或耔而或耘則且以不遑安處之身而欲竭力於農事則且以不敢告勞之候而欲易治其田疇謂其欲耕有何不可者使其果欲耕也則下民之昏墊反置諸度外而一室之饔飧乃謀之意中舍其大而圖其小何為若是之不明抑其竟欲耕也則元圭可錫民既

占乃粒之休土功不荒家又有乃登之慶辭其勞而享其安豈非其心所甚願然亦宜思其時之何如也時非清晏則四方未奠何以家為雖欲藏身於畎畝而尚論者亦惜其志之卑盍更觀兵事之奚若也事極艱難則四海未同正廑厥慮雖欲兼及於農功而當局者早苦厥躬之瘁而謂其欲耕也得乎孰並耕之說者可恍然矣

制局寬展運筆敏妙

雖欲耕得乎后稷　新硎集　羅騰芳

有不得並耕者、而農官可進念焉、夫欲耕不得、以禹之勞心治水也、然司農有后稷、能不進念之哉、且禮云躬耕帝籍、似古大人亦常埶我黍稷以克艱厥后焉、豈知事雖兼攝、力田難責諸姒王而職有攸分、司農早重於帝世、詎得謂心乎民者、必心乎耕而紀其官者、遂無煩紀其氏耶、禹何以三過不入哉、誠以水土未平、莫覩乎黍與稷、翼即莫慰我后之焦思也、此雖專心致志猶恐未能底績耳、而猥曰耕乎、且夫禹之思溺由己溺、一如稷之思飢由己飢也、使禹而必與民並耕焉、則洪水流而經界不正、無論舜無以觀厥成、即后稷亦無所用其力矣、山澤焚而

艱鮮未奏無論益無以數厥治即后稷亦無以施其勞矣是以
大禹當日祇以九河既道者上紓宵旰之憂必不以千耦其耘
者下親桑麻之務非情所不願實勢所不能也雖欲耕焉其可
得乎顧或謂欲耕不得以禹未嘗司耕耳假令當日者司空既
命而復以稷名其官溝洫既通而即以農系其民則后稷之稱
將不在有部之家室而在夏后之先君矣禹豈獨耕不得司耕
亦不得者乃黎民阻飢帝之命竟不及乎禹者或以治水業已
有人而治田不必分職與而又非也蓋當日固又有后稷在也
今夫古者嘗以柱為稷矣於天成地平之後而逮及乎稷豈柱
之子孫不能世其官而堯之時更命一稷與且禹及身而王稷
越數十世而後王后何以稱焉意者至追王之時緬配天之德

而后之與姑不具論惟是稷與禹同列五臣禹旣急於治水而欲耕不得何不咨稷以相助為理者將見禹急於治水而欲耕不得稷亦急於治水而欲耕不得也則天下有禹而治水之功尚居其半天下有稷而治水之功不始攬其全哉乃觀教民稼穡而后稷之播穀又有欲耕不得者也則欲耕不得又豈獨一禹也哉

前半清醒中後翻空易奇尤見出色

雖疏食菜羹　舒寬

原食羹之始即疏與菜以明之焉夫疏與菜食羹之至薄者也而一原其始敢曰此不過疏食菜羹者耶嘗讀聖人飲食之節有不厭者矣有不食者矣有無量者矣有不多者矣然嘗就飲食之宜與不宜而為言猶未原夫飲食之所自始也夫禮始諸飲食古今垂為典有

蘇如二意皆動

聖人而頗翔焉非講乎則試以食與羹言之上古之世民不知稼穡有不粒食者矣自聖人出而以新民之智劉而為食術使始乎飲血

癸字

之天下一變而為粒食而後羹等之用濟上古之世民不知烹飪有不熟食者矣自聖人出而以利用之模範而為之大燧飲探飲未食之

天下一變而為熟食而後肉燔之功乃訖食亦不一矣九之為稗也
人之為醬也至于鍋而論已甚食之者尚能世也即義乎不一矣在
之為羹也右之為胾也章于膳而聲已甚嘗之者非能美也故常人
之情當深藏之存禦固不動容于精鑿一旦能已肆設而所供者乃
也有因之而易慮者矣夫子曰吾而欲窮口腹之滋豐食矣足
不然而當食之：須思吾何以得滋其祭齋而慎之和也粗糲
與精鑿無二理也常人之情當之著之欲舉固不變色于豐膳一旦
賓主酬酢而所奉者為菜羹也有因之而改容者矣夫子曰吾而欲
遲水陸之奇蔬羹果品尚哉不然而齋學之：深思吾何以得其

陰陽而調夫生也豈糲與淡泊無上情也未食以鬻為至以羹名雛原相濟也乃天能生穀而不能使人之為食天能生菜而不能使人

何耕更作此兩五有小重水穫疑無諮抑精義明人一材少妙

之為羹在造化方窮于無如何而忽有人焉教之食教之羹而吾得與天下共享其自然之利此意令人極不忘耳抑食在人生羹在人治不窮嫌也乃人能為食而必欲窮夫春耕之用人能為羹而必欲脩夫小海之珍在眼賢方憂其無所止而忽有人焉原食之始溯羹之初而吾得與天下共食其無窮之福此意令人足深感耳必祭蘇

何批

一句點出雖字

如雖疏食菜羹子果何容已耶

倒縱下文斷必字鉤勒出雖字神髓于前冀陸一絲不走　此瞻先生

前半就飼爲食羨翻出從菜圃舍下不露且有步驟後幅出股即
翻轉前半言其始尚未能爲食羨以爲當祭意對股又承窮口腹
之欲逞水陸之奇來言人所望者更不止乎蔬菜以逼齋如意此
收拾通篇以起下文用筆却靈妙不測如出意外

蹤跡余

舒

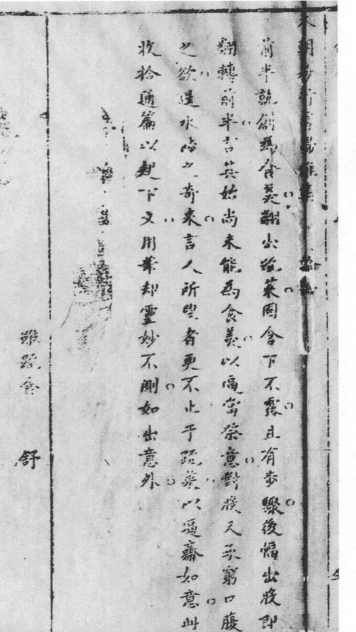

舉一隅　李薛

物始于一、而舉一已見端矣、叠隅不自一止、而必自一始、有其舉之學者將何如、謂夫人苟有事于請業、而師竟秘而不宣焉、弟子亦無所藉以引伸矣、然師豈不以之自秘、而猶授之下、乃遂一無所留焉、則人非善于發端之者也、然則人即可以隊矣、發矣、遂盡無弗告矣、乎來也、蓋教學率相待也、學即可用吾教、而教者仍不敢盡也、曰吾（高翾）姑云云以示其概焉、且教學必以漸也、教即不倦於學、而教者先不敢遽也、曰吾聊爾爾以立之程焉、彼物不有隅乎、而隅不可以舉乎、（歷扶公）則試爲之舉一隅、一隅者、顯之有形者也、夫人且悟于無形矣、而況有

形技亦必多舉也但就其一以舉之曰此隅也而隅之法盡乎此矣
教之能事亦畢于此矣蓋業有以舉之矣一者數之始基者也夫人
欲成其終事乎必自始基故不旁通舉也即僅以其一舉之曰此一
隅也而一之外毋待言矣人于此時亦可以無言矣蓋已目擊其舉
之無想來舉之先人方皇皇然慮也慮彼虛無者不能知也而一隅
非虛也為以命之象以紀之舉者必欲使智愚高下寔有依據而後
有是舉也人苟倣此而為之又何慮乎不中繩墨也哉即既舉之後
人又窃窃然憂憂之憂其拘墟者不足紐也而一隅非拘也擬而議之
變化而通之舉者惟深識乎上下四旁無不如一而後為是舉也人

苟依類而推之又何患其不中規矩也哉甚矣其可以反也而不反
乎則毋為更衆矣

何其渾雅 吳季觀

精神全覷下句仍不屑為呼喝陋語淡蕩容與大有輕雲蔽月之
致文品最潔

舉一隅 李

舉而不能先

汪灝

舉賢若有所待猶之乎不能舉也夫既以賢為當舉則亟舉之可矣而復不能先也豈誠舉賢之難也哉自昔相天下而亟于求賢至不惮吐哺握髮之勞者周公是也夫佐天子以進天下士權之所屬豈處有阻抑于其間而必急急焉如是者孰非其至仁之心不忍天下一日無賢尤不忍賢人一日不伸于天下也乃今之舉賢者不然彼不能舉者無論已一分猷宣力國家豈遂無人而且求賢若弗及者其所以需賢之故可知也苟使藉賢以博虛已之稱而其視賢也亦緩矣比肩接踵賢士豈能多得而且舉賢惟恐後者其所以必舉之

（此是本題起法）

（本上仁字反振分字）

（斷陡濟根）

故又可知也苟徒視舉為具文之事而其為舉也奚急急于是又有舉而不能先者英俊之士既已拜獻明廷而或不亟拔之儔類也則（滑寮約在盛年後事得不[illegible]）曰俟卷其才而用之夫從來君臣之相遇蓋亦有使焉古之人所致慎于時不再來者此也而可需之歲月乎此無論菁華銷竭老矣無能為即使典型猶在能淑後數于桑榆而使黼黻明盛之才不得已（賈董終于論）而出為扶危定傾之佐則必有任其咎者矣肯鯁之臣既已奏書闕（業不得以進賢如不得已也為詞）下而或不見悅于貴倖也則曰將遷其過以安之夫從來邪正之相勝蓋亦有機焉古之人所致辨于道之消長者此也而可稍為濡忍乎此無論忠直易退若將墜諸淵即使調護多方不致權戕于讒佞

元帝欲官劉歆左右咸未白大將軍更云云雖歆非賢然漢事

而使明揚師錫之典不得已而出于猜嫌頤忌之心則必有貽之恥

亦可知也　此又非得誹言事之比

者矣且士之一身廊廟山林亦各有以自處乃謂之為隱而下已離

夫巖廊謂之為顯而上復阻于崇階不潛不見之間使賢者嘗自徘

徊于岐路則悲惆茲深夫士也去巖穴而躋尊榮此亦甚無難之事

而今也豈果君門萬里有不可即至之途也哉抑士之一生學古入

官亦各有以自期乃使之為學而不到于成均養士之倫使之為仕

此中埋沒多少

而無當于司馬書升之法或出或處之際使賢者終自悼嘆于窮途

則摧殘已甚夫士也自離經以迄服政蓋亦自有一定之期而今也

吸下用輕倩之筆

豈誠時命不猶有不能即得之數也哉吾知操舉賢之權者初未嘗

有舉賢之心故也

仕宦而至將相淮陰少年南陽處士舉而即得者惟此耳其他不能誰為為之抗談今古歌哭有聲　陳介眉

古今賢才禁錮于朋黨排抑于閑散不知埋沒多少不能先三字是古今竊仕秘訣得此不平之鳴可當長沙一涕

舉而不能先

江蘇劉學院歲試　金匱縣學二名　曹　鳴

舉必要于先、不能者雖乎其為舉矣、蓋先以舉賢、仁人愛人之能事所由盡也、而奈之何其不能哉、且以先王選建之大權、而不惜幾經慎重以出之、與其意宜無懸于天下、然而簡拔既精、登庸自速、苟明明一二英流在望、遲之久而寂然、遲之又久而仍寂然、汲引之謂何、頒令其嚮嚮若斯也、有如見賢也、而胡竟不能舉哉、或者曰、士生乎鄙野、推選則祿焉、見賢者特患不能舉耳、能舉矣、將見一切高爵厚祿、尋常資格之說、在所弗屑道、亏則招其蠢漣則賁其室、使于于焉賦鹿鳴而來者、快覩一朝崛起、可無相見恨晚

從致嘶

入先一層

說舉

之歎也噫先矣雖然有能先有不能先能先者求賢若渴朝取一人焉援其尤暮取一人焉拔其尤徃徃才俊當前不惜三薰三沐以登之載以車則曰望子久矣聘以幣則曰來何暮也此其舉之之意固有出于跑不及待者也不能先者愛賢未誠相需殷而相遇蹤重名器而輕豪傑徃徃英奇在下初無一德一心以致之遣門而曰先生徐之上書而曰願以異日此其舉之之意固有出于忍弗能舍者也嗟乎士君子讀書十年窮理十年急欲乘時利濟起而應當世之務奈爲之上者或故以交淺疏之或故以常格限之卒令千古命世之英棄偉抱于名山屈長材于短馭此何莫非

以潤而作時閒

修辭工雅

慨當以慷

學而不能先者階之厲也悲夫

好用成語亦是一弊然有意以經之氣以緯之故自多益善也原評

紆餘為妍亦復卓犖為傑篇短而才甚長 張㸃濮

舉而不能先命也

歲試漳平縣學一等二名　陳子健

舉而不能先命也

不急於舉賢者不謂之命不可也蓋賢不貴於徒舉而貴於能先也舉而不能先非命而何且夫人主之不能用人者不用則失其人於草野矣而及其既用乃轉失其人於朝廷焉亦以日言用人而絕不見其有急乎其人之意焉耳夫其不急於草野者彼猶以為未盡相知之素也而其不急於朝廷者非彼以為能盡羅致之術者乎然則見賢而不能舉第徒貴一舉焉已耶千古庸近之主未嘗不操銓選之權顧何以銓選廢而見其庸銓選不廢而亦見其庸此一人具懦之性亦豈盡昧夫資格之常顧何以濟格套而

知其循資格不紊而亦知其昏也將謂其不舉乎非也舉而不能先是誠何心哉其舉也豈猶未悉其賢與或反不能不示意於他人以同官之共薦而聊博好士之名以閭巷之傳聞而始試散秩之班若曰吾之不靳爾舉者亦可為異數以相加矣夫古之人嘗有不謀之左右不謀之同朝獨斷之宸衷慨然舉之而不疑而初何待于人也唯轉待於人者則其舉也本無意豈不早悉其人與而總不能不寬假於異日初無慎重之意而托言以老其材久無愛惜之心而祇列雲拘之位若曰吾之及今舉子者亦可無恨相見之晚矣夫古之人嘗有得之耕釣奇之夢寐破格以相求卒然

舉之於一旦。而寧需之遲久也。惟需之遲久者。則其舉也乃不決。其不謂之命而何。夫賢者之自許卓卓。亦期急乘功名之會。而但此感激之氣。之有以開其先耳。顧乃出也以悠忽。則雖衆正盈廷。而亦一籌莫展矣。事權不屬。委任不專。非此一命之為階哉。抑賢者之身許廊廟。亦正不急功名之計。而但此引重之誠。不可或居人後耳。顧乃待之以因循。則雖祿秩少加。而推心無聞矣。心膂何托。羣賢解體。非此一命之為漸哉。若是乎舉猶不舉。不得謂愛人也。當先不先。不得謂絜矩也。況庸近之主。與儒之性命於此者。又過於彼乎。

不先即是不舉道來沈鬱頓挫

舉而不 陳

舉

歲入新寧縣學一名 漆灝

舉賢而出於不能舉之人、亦姑別於不舉以言舉也夫舉則舉矣、然固不能舉而轉計之曰舉、殆亦姑別而言之歟、且用人之權操之自上天下賢士之冀其一用日引領而望之久矣乃望之既久而上之人每聞賢士之名輙咨嗟歎賞卒亦未嘗一用於是天下賢士相與扼腕太息以為無復可望而猶未免有望焉曰上之人其或者一旦知所轉計乎然而見賢不能舉者正未嘗不自轉計矣謂俊乂旁招之典原屬虛文而特是祖宗養士以來皆傳此為國家盛事則何弗一循其例俾後世留三宅之美談謂迂疎寡效之儒豈知時務而無如中外頌聲相協僉目之爲楨幹良材則何弗姑聽其言使當代識四門之古制此不能舉者所以有舉之一日也其舉也原不過奉行故事也夫亦既舉矣而實無以大遠於不舉則世之有慨乎是舉者方且欲一概相量仍儕諸不能舉之列而何必於不能之外復爲端之更蓋此所謂舉者亦特從不舉者相反而形者也然業有所舉而已不等於不舉吾是以因乎不舉者而遞而及焉而不妨少爲更端之想抑其舉也又不過姑收時望也然既已舉矣或實有以大異於不舉則世之幸而爲所舉者亦樂以美譽相歸一白其不能舉之謗而又何必於不舉之後

從乎類之連乃所言乎舉者亦僅從不舉者相引而伸者也雖此
有所舉庸愈於彼之不舉吾是以因乎不舉者而區而分焉而猶
有未離其類之思是以不謂之能舉而但稱之曰舉在舉者庶不
敢自謂能乎不知舉者之流自謂能舉亦猶不舉者未嘗自謂不
能也則舉與不舉其差數略可覩也夫惟將核其所能而先名之
曰舉舉之名何者是輕相予耶不知不予以舉之名而不能舉者
反得以一舉藉口必循其舉之名而不能舉者乃難以一舉沽名
也則不舉之舉其終事不容飾也而固不能先也於是天下賢士
乃益扼腕太息謂自此眞無復望矣操用人之權者奈何若是

審題既確一切舉賢泛話無從犯其筆端其用筆亦復屈曲如意

舉漈

兩句只是一句側寫領題逆折靈嬌攝神

舉而不能先

廣西許宗師歲覆入陸川縣學二名　劉烇

用人知不及無取乎能舉也夫既曰舉之斷無不可先者此而不能併其見亦未真也雖舉何補哉且君子詘於不知己而信於知己夫所為知己者知其可以底績即知其不可以虛拘也非然而陽收汲引之名陰蓄逡巡之意是豈君子不樂於求信耶何其宜能而久不能也獨是見賢者固有辭矣曰吾要于能舉斯已耳嗟嗟見賢矣而所能第在舉之云乎徵一士而動靜起居俱可憑其檢柬以為人主留嚴憚之規則朝取而夕登之雖寵以上位不得謂替夫事植用一人而宦官宮妾尚未知其姓名以為朝廷杜貴

宕折　切先字　又不能靈穩　深舉字即呼先字　急脈寬承先實先字

比題正面包括全史上下三千年才得有此識力

黃□綸

緑之路則新進而重寄之雖擢以三遷不得謂濫夫名器此唯仁

能亭來龍真矣

人為能愛人也而柰何有不能先者哉溯惟一之滌凜以其雜復

何哉神不藏如題妙手

箴以其慎者聖人特躊躇于未舉之前業已舉之而緊銜不爽曷

賈生所以痛哭

長東是璀洛

為尚滯留乎負年少之才前席以問者不罄其長諮老成之望固

州司馬仁傑以為未用也

吸下用顧拖

薦以賢者又遷其職倜儻非常之人大都悞于一舉而轉受所束

補此一曾尤

縛耳暢知悔之鮮訓以克宅即勤以克繹者古人正鄭重于既舉

是斷酌

二蘇是矣

之後自非先之而考績無憑奚所稱灼見乎目牢衡之羅遺諸子

斷作是矣

孫者終淪閒散夫患難之臣所其歸隱者未盡功名蕭落不羈之

能下用正對

士與其滯于一舉無寧等在泥塗耳是故徙置以冗曹而奇能弗

以字看得深細
方對着仁人作
用下不詆先偏
從舉字做出驗
給透闢

奏則大而小愛之非先也求傳說則爰立為相聘呂尚則載與為（○寔○覺○先○字○真○際○）
師無所用其狐疑故一德一心遂可貽數世之福乃有才非百里（○反○對○命○字○流○兇○　亦公妙○）
（始亦不免乃○未○見○非○不○能○也）
漫抑之以下寮是特以舉為牢籠不以舉為倚賴也豈足表推賢（○引○無心○熱○鬧○）
之雅意哉抑徒尊以榮位而言事弗膺則急而緩留之亦非先也
（○先○王○之○心○乎○孔○明○　○荷○堅○之○於○景○略○）
許馳驅則付以重任得草莽則獨與深謀雖共嘆其輕銳然無虞
無詐自可收天下之才乃有鑑著千秋空錫之以美號是特以舉（山中宰相之類）
為飾即不以舉為誠功也豈足徵好士之純衷哉此蓋慕仁者愛
人之風而不知其所以能愛也以云命也寧其然乎

不能先仍是不能舉耳如題急注界自截然復輕還舉字分際

脈理貫恁細密諸史往乘泓崢蕭瑟千古有心人對此不能已

已許藿齋先生

入手不脫仁人獨為不能探源暗隸史事作骨可與論古

與人恭而　三句　葉甲

處世而不失乎人，人必有以與我矣。夫禮以與人，人樂我而厚之矣。四海兄弟，夫豈夸大其言乎？子夏曰：士君子之涉乎末世亂流也，以聖賢待人，人必以聖賢報之；以忠厚長者待人，人必以忠厚長者報（豪傑長者之言）之。此事理之必然，斷無有反之者也。是故時命多艱，觸物異態，遂有以連致遐方，遙集同體，誰云不足以解其勞結也。故以君子之名與人，人必深畏乎其人，謂其不與已同其行也；以君子之心與人，人必深忌乎其人，謂其不與已同其習也。然亦君子懷負過高，凌才太厲，（眉訶負語）詆訶詬詈，所傷必多，進未必以溫文謙諒以厚其身，退弗能以廣大和平以養其福是以怨尤交至動即見疑悲切寡儔流連罕類如是云然良可悼嘆是故恭而有禮此君子萬萬所不可辭也君子之于禮也非獨以其文也蓋又以著其情書惄競蹡（悲痛之音）在家庭且不可知而況其敬焉者乎明接壺宴饗二義則平日學問之氣不敢正告于大人長者矧曰其凶德者也君子之于禮也非獨以其情也蓋又以著其義可否順逆在宫室且有多端而況其他為者乎明愛惡坐下之（如閫啼儴夜許）敫則平日憮傲之氣且將自退于謙讓不遑安在徑情其能免也我敬人而人敢慢者天下之所未聞也不然必其先有以慢之也不然其畏之也我親人而人不我親者天下之所未有也不然必其先有

以蹂之也。不然。亦其畏之也。豈無凶人。見君子為之加歡焉。又從而折節焉。豈有異術哉。物議無他。羣情厭脹。遠近皆然。無難曉也。即有頑讒。見君子為之加愛焉。又從而合志感心焉。豈有多端哉。和氣迎人。榮于戚里。抑鬱無聊。吾知免夫。四海兄弟之言。吾豈飾說以告吾子哉。至若人愿堅苦。物諱明潔。則又涉亂流者所不忍言也。

中山王聞樂之悲。可以免夫

勝讀王僧虔誡子文。梆下之誅又無論矣。孫令脩

與木石居　二句

江南法學院歲入蘇州一名　沈　鴻

觀虞帝所居遊者人與物而俱化矣夫木石鹿豕深山中所固有也舜之與居與遊者宜其在是歟嘗觀聖人之心一物不交者也聖人之身萬物為徒者也故即身之所歷而境呈焉即境之所有而物遇焉與物相安于其境者即與物相遇于其天焉耳吾于舜之居深山見之深山之內曠乎其無所有也所有者木石而已亦浩乎其無所偕也所偕者鹿豕而已深山中之境地甚寬木石無心鹿豕亦無心羣自囿于息寧之宇不啻類之聚而羣之分深山中之聲容俱寂木石何知鹿豕亦何知咸自遂其生長之机不啻分之殊而理之一是

故木石並峙得聖人而渾忘此木石之與聖人居也而舜亦渾忘也（烟下野人）居深山者不必舍此以為居則舜亦與之鹿豕同羣遇聖人而自得此鹿豕之與聖人遊也而舜亦自得也居深山者不能外此以為遊則舜亦與之舜豈必有心乎木石豈必有心乎鹿豕偶焉以相遇即油然以相偕庶物馮生若並育焉而不害舜豈必有意與之居豈必有意與之遊適然以相投亦潘焉以相值物類咸若亦日習焉而不驚木無聲也風撓之以乍鳴石無言也或憑之以成響而舜不知也與時消息祗晤對乎蕭條寂寞之鄉鹿走于險或可即之于林豕就于牢亦可登之于俎而舜不討也與化往来亦暢遂其俯仰嬉遊之（義精語歸）

樂天居若靜象也舜則含萬有于一心而自若其天則與居者亦靜太○珠○小○朱○落
而無靜也遊者動象也舜則泯知識于不形而自得其性則與遊者玉○篇○
亦動而無靜也木石鹿豕皆寞也以舜心之至虛者而同其作息遂
覺無寞之非虛也木石鹿豕至頑也以舜心之至靈者而共爲儔侶
遂覺無頑之不靈也曠然于境外而與居與遊亦何物而何我寂然
于山中而木石鹿豕洵有情而無情舜亦一深山之野人而已矣到○處○天○錄○

與居與遊須寫得極平淡方合語脈略涉神化便㨾不得下句矣
文妙在如題描畫栽于頰上添毫　俾錄成

與木石居與鹿豕遊　馮　詠

聖心無不可與亦山中之與而已夫木石鹿豕深山中之物也而舜之所居所遊不外是其亦相與於無相與乎今夫觀聖心於至一則至誠不息與物無妄也觀聖心於至靜亦茂對以時物即吾與也故吾即觀舜之居深山深山寂然耳無世無爭則人少而物多矣荒渺與曠之墟天地開而萬物育焉木石鹿豕山中之性命也吾居深山偶然耳靜觀自得闃人跡而物類矣審開淡泊之況性情適而百族寧焉居遊又山中之學問也然而聖人非有心於與偶爾相遭無懸絕木石鹿豕也故自開上世自澤上與而無與舜亦不過得其暫然焉

馮蘂颺稿　孟子　丙申廣平試院　八一

馮䕫颺稿　　孟子　丙申廣平試院　八一

所與者亦何知為與本自相忘不驚夫來石鹿豕也此固寂寂破圓
悠悠不與而與焉遊一若安其常人世間自作自息之秋偏與寬閒
之物相宜山中自有景色耳而耕稼陶漁各自得焉遊之素絕不覺明
淡處則且精光
勞人無心哉關此荒涼歲月也宇宙間可驚可愕之象不為静鎮之
物所駭山中別有意況耳烈烈風雷兩無能撓焉遊之天又何知世
外象故半亂我寧静耳目也即前無與之者覩其物振古如斯木石
鹿豕而有知也亦自幸鳥獸龍蛇之世宙此間一無所與獨此深山
神情高奇
人相為朋儕而已矣且即向之與之者問其人而今安在木石鹿豕
而無知也仍相忘巢父許由之形骸終古了不相關際此山中人共

適性天而已矣無遊而有與不過多一野人也何足壯深山之色哉
淡遠蕭疎聳然山水則有閒數

與木石

明清科考墨卷集

第三十五冊 卷一〇四

與木石居　一

吳學院歲入同
安學第三名　劉廷桂　一字仙友

居無他與適成其深山之居而已夫舍木石而外深山中罕有居之者舜既居深山則其與居寧有出於木石之外乎嘗讀易至說卦曰巽為木又曰艮為石而先天後天之圖相厥攸居各有定位不可易也然此特分木石以言居耳未嘗合木石以言居也且亦專就木石以言居耳未嘗參人與木石以言居也乃有不第就木石以言居實參人與木石以言居者而吾盍將觀夫舜一如舜既居深山之中已一居者靜境也山主夫靜以靜不失時之舜而寂處其（雲開日含行對照）間自有隱與山為相契者即一舜焉獨居之當無慮其寥寥亦

牧齋此章　可社　銀江
敬社　峰社

偶而不然也山之所生非無有其多將而少動者而舜因得以
不富之鄰居者止體仁山德為止以時止而止之舜而聽焉其內（與○時○決○江○河○對照）
自有深與山為絅狡者雖居之者獨一舜亦奚要其才〻而寡諧
而又不爾也山之所毓非無有其常止而弗遷者而舜正得人為
如櫛之比蓋猶是木石也而舜實與之居云之謂舜所居之時刊木（正○映○野○亭）
鑿石之功猶未起其與居也第安木石之抱朴而默之將以舜為
無心而舜幾近於有心也彼則若取其不離此則若取其未剖木
之勢恆親上與之共親乎上石之形恆親下與之共親乎下而也（朴○切○其○居○大○可○移○置○與○游）
矣謂舜所居之地食木烹石之陋為已遠其與居也實喜木石之（反○映○野○亭）

令文而與之遂以舜為有意而舜固出於無意也彼亦非取其有華此亦非取其能潤木為天之所覆與之共覆乎天石為地之所載與之共載乎地而已矣且夫舜之與木石居也原其始嘗大有毒於舜之居矣捐階實井之秋木石與舜同遭頑嚚之禁鄰在舜（與異野人對看）早已念及而心傷乃兹之與居也憂患固在方罹初非必借家庭以相較舜與木石依然無恙乎而相提以論木石不獨寘稍陋之夫亦離舜於闇淡抑夫舜之與木石居也非其終反甚有禅於舜之居矣合止拊擊之日木石與舜俱受靈瑞之集儀在舜亦吾乃兹之與居也富貴尚未来遇爲得預懸賞

與木石居　二句　　儲龍光

想所與于深山而得其至靜焉夫聖心無不可與居遊第居遊或未足以見聖心耳木石鹿豕舜蓋入其中而常靜也且人心之感觸視其所與與無所與斯無所觸矣乃有時絕無所與而實未嘗無所與亦甚有所與而實未嘗有所與則舜居深山時是已深山何有無所有也木石而已鹿豕而已則舜居深山誰與無所與也木石而已鹿豕而已矣木石靜物也止而有常有居象焉鹿豕動物也行而無方有遊意焉遐想斯時舜居而環顧有木石也舜遊而環瞻鹿豕也木石居而其間有舜也鹿豕遊而其間又有舜也

衆木石以爲侶結鹿豕以爲伴世間有之舜孰一必與居必與遊
之意以觀舜而舜何以也薄薄乎相遇于居與遊之下而舜雖至
於木石鹿豕自不開不知也指木石爲無知類鹿豕爲與類世圜
若亦然哉一必不與居必不與遊之見以觀舜而舜文何心也應
然然吾應其居與遊之常而木石鹿豕不知舜亦自淡然漠然也
不著一字
迄于今木石猶是鹿豕猶是入深山而弔古以爲此有學聖人之
嗟夫獸棲藻眺他初
是于斯居于斯而舜當日直自忌之也以所遺不過木石鹿豕也
迄于今木石非昔鹿豕非昔過深山而興感以爲皆無大聖人之
居于是遊于是而舜當日早與之俱化也以所值無非木石鹿豕

也。然而居遊何礙于舜哉。木石鹿豕處之若素。一心之所爲默寄

然。而木石鹿豕究何擾于舜哉。真居真遊息之至深萬理之所以

中涵。一夫蹺躃于居遊時從而辨之曰此非爲舜耶。而正未可測也

空山無人。水流花開。於此間得少佳趣。不數第一洞天

與木石居至見一善行

鄭雲倬

心無觸而忘異之乎聞見待焉夫若遊而無異野人深山中一不聞不見之天耳及其聞見雖一言一行豈非善端之感哉且目前背理境也方夫與物偕忘斯即形骸俱寂中不得謂非聰明交徹（知覺不作分毫）之會矣抑知心體常虛聖人原不滯於有而天機偶觸聖人亦不淪於無一時寂感之交其不離物而處者未始不隨境而遷耳聲（伏下氣處滯終）之居深山也一寂然不動之天乎斯時即收視返聽容有相覩之真機而當其嚮息最沉寧有端倪之偶露深山中木石而已矣窺豕而已矣觀所居遊其異於野人者誠幾希耳竊之寂也萬物並

泯於化機潛漢中之旨趣自各適其何思何慮之天故不言而喻即當曠然之酬對亦祇安夫往來順適之常而心靈之縕結雖有數而並屬無數也象之融也百族未兆其天倪夲寂中之機緘自各渾於至虛至明之內故無心俱化即當偶爾之周旋亦祇還其淡泊相遣之素而意境之寬閒雖有象而概歸無象也居焉遊焉舜之相與於無相與者抑亦未之有聞未之有見也今夫境以習而幾忘其故機以猝而如遇其新天下惟動之極而靜境生以舜性量充周即木石鹿豕具有聲息相通之故而不得謂忘於機者之已迎於機也寧靜之天懷莫窺其蘊天下惟靜之極而動機寓

勁貫樸清

往復盤旋波及其二字紙上欲飛

以舜淵懷高曠即木石鹿豕俱屬色象皆空之妙而不得謂感於境者之仍寂於境也冲虛之感觸孰測其端夫然而深山中不必絕無聞見也及其聞見正不必取數之多也即一善言而已為其所聞矣即一善行而已為其所見矣當前之名理隨境地而皆真必於居遊之下預設一求善之心轉覺滯而不靈矣舜惟不狃于未來之聞見斯由寂得感此中初不分兩境也而一時靈機乍觸還歸浩落之太虛環生之妙緒隨流象而昔呈必於居遊之外別揣夫取善之方更覺迂而鮮通矣舜惟不膠於已過之聞見斯即寂寓感此際并不分兩候也而一時感召無端猶是淡忘之化宇

出落處動合自然

得及其二字真髓

聞一善言見一善行非即居木石遊鹿豕之舜也哉舜果何以異於野人哉不識不知偕萬物而共歸浩蕩無幻非真固可靜觀而自得好問好察緣作感而相既清明無虛非寔不啻故境之擴移若決江河沛然莫禦舜之善量不可測深山中幾莫得而擬之矣

氣靜思沉絲絲入扣阮藍村先生

局正詞醇思精筆斂從謀虛叩寔得來那更拾人牙後慧賈尚等

理精法密局整機圓郭敬堂

與鹿豕遊

戴文熾

物亦吾與與忽乎遊矣蓋有遊必有與奈何空山無人木石之旁惟多麋豕乎且古之至人倏然與造物者遊詎必絕人逃世高語遊方之外頓結廬人境而車馬無喧即泮渙爾游亦物與無妄則深山有舜寧第木石與居已耶凡人有居必有遊爭名者遊于朝爭利者遊于市就令煙霞嘯傲禹拜皋颺之盛事未卜他年掛瓢尚有許由洗耳不無巢父適莽蒼而避逅諒不至形影相弔悲岐路以依依凡人有遊必有與窮視其所與而道傾蓋達視其所與而明盡簪就令泉石淒清九男二女之追隨安知異日王倪或若虞

秋灌卅

秋灌州

子翻缺能御飛龍揖廣莫以夷猶又何至足音跫然傷獨行之踽踽孰意一遊也亦無與也孰意無與而有與也且駕言出遊也今夫與狼同獲曰麐長林豐州之間解其角雖應時吻其鳴惟食野咸謂馬追不及即之用虞馬可也乃以明目達聽之濬哲經其騰倚若不見有所為麐也者而過之鹿亦若不駭有遊人也者而安之于是攸伏之餘無或鋌而走險與犬同畜曰豕濁淖汙泥之內豶其牙雖占吉剛其鬣亦徒封誰云人立而啼孰之臨筴馬可也乃以重華協帝之有鰥匪利腯肥若不見有所為豕也者而遺之豕亦若不畏有遊人也者而狎之于是負塗之後依然烝也涉波

物莫不各抱一天全于其天則不亂彼熙熙然相生相養天也與遊者任天而動深山中之乾坤自大則亦共相忘于不識不知之天而已矣物莫不各含一性失乎其性則就危彼蠢蠢然無患無爭性也與遊者率性而行深山中之日月偏長則亦共相適于或寢或訛之性而已矣蓋鬼神呵禁其不祥魑魅但麀豝豕豪魑魅魍魎之莫逢故後此登庸鳳且來儀獸且率舞雷雨不迷于大麓往來祗麀甡豕曉樵夫牧豎所常睹故爾時號泣象為耕鳥為薅荼無機事者無機心若海客不驚鷗鳥倏成都者倏成邑惟中孚可格豚魚藉令陶于河濱吾知致龍馬而負卦俄焉漁于雷澤

直可叱黿鼉以為梁穆王遊而作歌轍迹果何所遇黃帝遊而訪道薦紳亦或難言以視虞舜之遊何如者然而木石之外惟鹿豕與居恒于斯與遊亦恒于斯深山野人亦若是則已矣

題桔而文腴居然隆萬小品　周嘉緗

長袖善舞多財善賈重重掩映展卷如花　蔡光英

與其不孫也

于學院歲取入大田縣學第二名 林光

聖人復言及於不孫、將欲樺其弊以維世也夫不孫固奢之流弊也
夫子言復及此、不將有以權其弊乎且先王創制建物衣飾、其
所從而使萬世無敢僭越者也而無如人心不古不思先王制約
善而徒思變易[illegible]之奮任情縱意令人慨焉較之末俗不禁為之
嘆隣為之須盡[illegible]者則不孫其弊豈可言哉自吾思之崇德敦行
之家子弟咸青規矩一步一趨罔敢越於義路礼門之外循分黜奢
之邦子弟不踰大閑周旋折旋俱已有中規中矩之節曾何敢有不
孫之舉哉而今之世崇德者不概見敦行者非所尚而盡為奢闊越

分之流一循分者不常覦顯浮者不多覯而皆是乱綱敗紀之倫吾能
不三復而討及之乎先王之制車旗也服飾也儼然令人以頓名思
義而莫之敢犯焉若之何而僭竊車旗也若之何而僭竊服飾也亦
彼自以為文雅足令人之瞻覩而已安知有犯上之罪所當存臣子
之分先王之制禮樂也征伐也凛然範人以循分奉職而莫敢奸焉
若之何而僭禮樂也若之何而專征伐也在彼自以為權勢之專擅
而已安知有攘君父之紀而有議則之端不孫之害不甚重大與
其猶褒之有糶也與其亦鶴而乘軒也皆非吾之所欲出也吾所不
從純之制亦是去偽抑靡以免文勝之患矣與其死戚之備於列國

也與其肆負之奏於私庭也背非吾之所敢知也吾故有堂下之拜亦欲居今懷古以存忠孽之思吾不能不再三籌及於下孫也與其不孫也。

李學院原評

與其不孫也　高世倬

權不孫之弊聖人之心愈追矣夫不孫弊之尤甚者也取而先衡之而尚不知變計乎夫子意謂天下有決不可行之事而然然矣趨者何多也夫利不肯取其最輕則害孰肯居其尤重其丸侈然行之而不為怍者彼獨無人心哉其亦未之衡量耶（如此加作）如奢儉二者均之弊也（翻落便見手法）而世多失之奢者得毋以奢之不孫猶為可行乎人清好華之過每覺百凡簡略（從上句輕輕引入反取與其之神）而獨有繁文縟節足為艷羨之遂則深中其懷者遂若不煩於較量一世俗競修之風甚且相尚紛華更不知越禮踰閑大為身名之累而流及愈甚者漸且卑視乎等倫足

故其不孫也不如其不孫也曰習焉而若忘并不預其不孫也者
行焉而無恳自求思之意之溺於其所甘也罔也頃今之世其於
彼於此若亦既非出一端矣胡然而所甘者不孫也文物聲名之（襲似一繼一）
慕誠為飾觀而慕之矣其浸淫而不孫則獲戾之階也夫以飾觀（古一轉）
之具而為獲戾之階我以為所甘者不當如是也蓋至是而猶不（直取與其也三字之神）
一衛之邪事之安於所便也固也頃今之所其畸輕畸重亦已
各執一說矣胡然而所便者不孫也儀文度數之沿而曰漸而
沿之矣并流蕩而不孫則行習之憂也夫以積漸之漸而貽行習
一憂我以為不便者宜莫如斯也蓋至斯而尚不日按之耶必執

主正之軌以繩雕麗之俗是豈不足以責之乎夫貞之易易耳以
今日之風會波靡之成積重難返之勢使責之愈倫則轉之愈難
我幾不敢過求也第每況愈下卒無流極更甚者援一例　布才
減之條則吾所願與有心世道者降格以籌矣即聽習俗之尚以
究遷流之極是豈終不一返乎夫返之亦有時耳以我之目擊神
傷真有旦夕難安之隱而望之愈殷則換之愈殆我亦何暇深論也
但羞辭人意終難望諸繼情自逸者存一綫以維太古之風則吾
所急於遂遂不返者大聲以呼矣嗟乎世即僅變一奢之風猶未
足為滿志而今依然不孫之弊能無大靡蹂躪吾目奈之何哉

沉潛之思，澹雅之筆，一唱三歎，有遺音者矣。原評

息心靜氣，探討題情，能於逼仄中得沉討頓挫之妙。從事輕挑淺攙者，未曾夢見此詣。鄭大純

與瞽者

徐葆光

人之可矜者、可因所見而及之矣。夫人而為瞽、其可矜孰甚焉、不可由予之所見者并及之乎。且夫聖人之視人也、亦安往而不設一顛連之狀也乎。然猶非實見其有是形也、若寔有是形而人遂為所見、則顛連之狀尤足動人矣。試由見齊衰與冕衣裳者而并觀之瞽者焉。夫受厄于人、猶可逃耳、不厄于人而厄乎天、是造物之所刑也。受殘于身、猶有閒耳、不殘于身而殘于目、是人類之所羞也。抑是人也、然非終身之戚、而此獨長抱終身之憂。設以齊衰者與為較、則愈見其可傷。猶是人也、然有非常之榮、而此獨罹于非常之困。苟以冕衣

（起下自然）

（說亂合上文說妙在收二衰也）

憂者與同觀則於覺其可憫不言而戚亦復不泣而哀吾烏知生人
（顧前二後萬生公執）
之苦更有甚于刎頸灑淚者乎無所爲榮辱亦未堪言傳彼烏知生
人之樂更有甚于洞觀塵網者乎物爲類則爲儔喪朋之痛亦何嘗
無形之喪與之爲類即與之爲偶也境但反亦相形不全之民非特
存不亂之列與之相反遂與之相形也獨是人情于褻紳之儀每習
（滿說到見者）
覩而不覺非若變服之瞞目而必心驚況乎傷殘之態或數見而不
譏更將必盛服之駭觀而必色動嘆乎萬物皆含其明而一人獨盲
（不以人言而得悔動人）
于視依然乎在之何適一身雖比于人而五官不盡其用塊然形骸
之徒具予安得不見之而惻然哉

解與上文相形方是與字然或併作一人穿穴則求工得痴也文與上文句句合筆筆離無窮清新都不勦襲

與瞽者　徐

館人求之

莊學院科入泮
陞學十九名 葉文載

以細人而求細物、事亦細矣。夫館人細人也、業屨細物也、求業屨細事也、何足紀。然亦思館上宮者何人、而必微物之是求乎、且物苟為吾之所有、自不忖舍而弗求、然亦必覘其物之所係何如耳。

脫口而出、語意渾成。

若乃嘉客名賢、儼然信宿、而纖微之故、不禁其鄭重以索之心、斯其事無足紀、而其意已大可議矣。

史筆。

孟子之滕、館於上宮、絡時伺候左右者必有館人也。吾意滕君於此、必命館人曰、賓糧扉屨惟汝是供、牢米薪芻惟汝是問、雖適舍之求、毋固而汝必代為謀焉、子取予求、不汝瑕責也。

古香古色。

柰何館人所求、不在內府之宿儲、而在牖上

之業緩乎噫、興矣物各有主經主人之所置則止其所而不遷寧以階側未納漫等於儌倖之捐事必有終既組織之未成則棄於地而無用未聞牖上非遠猶煩于楚弓之索夫然則業屨之須求不可解矣何館人猶徘徊不釋也劍佩琴書酧接每多俊彥即紛

眼光清射

至帶業豈以牖上無慢藏之地乃藏之非慢而求之若自疑為慢

正面描寫不滿一筆　雋妙

者適在目前而竟勞搜索不甘稍縱而即逝設燎巡宮戒備惟恐不及即總盜充斥豈以牖上為寶玉之珍乃物非可珍而求之若不啻可珍者欲加捆掾而拾遺誰屬幾費四頭而躊躇吾于此重

書味懷胸流手沉滿

為館人惑焉既非若亦竊屨之可配繡衮以揚輝則五夜之求衣

弗及亦不堪為上客之歸也此而欲往求之亦祇向隸人私詢可
耳矣容以追索之形斂蹤乎館以內與置諸道旁猶高處士之節
用古無跡真奇餘香艷
安請牖上可知君子之心彼求之〻意何其鄙既非若命屨功屨
常司周官之職守則徒人之誅屨無虞亦不必有室皇之及也此
宜淺易有手致
而追欲求之亦一過牖上流覽足矣奚可以微物之故追尋乎客
才思飄發
之前也脫驂之賻尚隆館人之恩業屨之求猶介小人之腹在求
之〻心又何其愚追尋求之弗得而并疑及從者館人真細人矣
眼明如炬心細如髮寸人豆馬纖毫畢露令人把玩不能釋
廖南崖

甑爨以鐵

館課一名　李有源

甑亦爨所必需可更即鐵詢所以爲夫甑必以爲爨爨猶釜必以爲爨也此孟子復即鐵詢所以乎且周禮紀爲甑之文禹貢詳納鐵之典正不僅維錡及釜實上古所未創焉顧萬家共炊摶埴疇能去炊食之需而百族共守鎡基孰克違鑄戟之用訣貫以二而品分以三吾乃歎蒸浮者不徒藉夫瀹釜也吾又奚取給者無或嫌於鑄鐵也許子以釜釜非神農所制也書云黃帝氏采銅鑄鼎即命甯封作釜以利民是釜固藉鐵以成之者乃有同爲一時所作異於釜而實爲爨所共需者非甑乎是可遞審夫許子之以甑矣甑類於甗顧甗則假之以賂晉而甑則凡

躬操鐵鑄者所必不能離夫朝夕也以許子關山遠涉或不無荷甑隨地之憂而爾日饘粥為謀豈其慕抔飲之純風竟棄甑而獨思標異甑又類於鬻爨鬻則訖之以懷周而甑則凡身親鑪錘者所必不能缺於日用也以許子險阻備嘗斷不至破甑沉船之苦而此日盤飧待舉豈其宗汙尊之舊制偏舍甑而獨快鳴高之有甑許子果與釜同用之乎且夫先許子而去楚者有楚狂接輿矣以彼夫則負甑妻戴紝器猖狂遠遯非所謂鐵中錚錚者耶茲不具論但火食既興合土以為甑一如范金以為釜耳粡丹甑表豐年之瑞曾荷鋤者而或忘諸則知必用甑以作爨與必用釜以作爨者是亦猶耒以木而耜以金固不台悉遵神農之教而揉木為耒即斲木為耜直將丶丶鐵不持矣

惟然吾且進觀許子之以鐵鐵有以物稱者如秦之歌駟驖是也而茲之所以則不係此試思數十人含哺鼓腹初不聞有塵生於甑並不聞有魚生於釜者何莫非此鐵之為功乎即彼也披蓑戴笠幾習忘操縱之有由而以子親炙多時詎難熟識知以鐵者想亦不外夫人情鐵有以地名者如衛之紀戰鐵是也而茲之所以又不在此試思數十人糊口四方絶不聞有墨墮於甑並不聞有勺爍於釜者何莫非此鐵之為力乎況彼也望杏瞻蒲亦時誇取攜之足賴則以子追隨有素必所稔知諒以鐵者應亦不違夫時俗蓋耕必以鈇猶爨必以甑亦猶爨必以釜也若許子果何如者

甑爨

文組集　林齡

更以甑詰異端、不能無資於爨也。夫甑猶之釜也。孟子更以甑詰許子、豈能、資於爨乎、昔皇帝繼神農而興黄帝始作甑而神農以火德、一意者帝之所以稱炎其亦有功於爨火乎。顧前聖垂制作之器。而後人為利用之資則術本神農者。當不僅鑄釜一器。無缺於饌人之掌也已。吾何為以釜詰許子哉。夫釜之為用。取其化生成熟。考之周禮亨人掌共鼎鑊職内外饔之爨亨焉。許子而猶夫人也。舍釜其奚以哉。雖然。以炮以燔釜原有尊彝。為蒸為饎。甑亦所急需則又盍觀之甑甗之為甗甂也。甑之為康瓠也。而甑則或謂之甗焉。夫齊人致賂甗實與磬而

並傳則甗之為用似有所獨珍而非釜所可比矣夫豈獨以寔
二鬴厚半寸者僅列制度於冬官瓶之為小甖也甗之為酒器
也而甑則或謂之鬵焉夫匪風有咏鬵亦與釜而並歌則甑之
為用又在所急需以與釜有並重矣又豈僅以謂之䰝謂之鍑
者可考嘉名於爾雅且夫甑瓦器也非若釜之為用取夫金或
謂之甗或謂之鬳要其為甑則一也然吾聞之甑與釜實始諸
許子而學本神農意者無所用甑更無所用釜乎不用夫
甑釜則不有塵甑之虛懸更何有執之踖踖者乎不有爨釜
之不用更何有燀之以薪者乎然則許子於此其將何以為爨
哉吾即以爨思之有用以煮者所謂饔爨是之周禮兩
饔之職陳其鼎俎寔以牲體不及夫甑並不及以甑與

釜無足重輕者乎不知有以陳之必先有以烝之有甑與釜
無足重輕也則太羹湆在爨之謂何矣爨有用以炊者所謂爨
爨是也攷之周禮廩人之掌量以四鬴量以三鬴不言夫甑爨
且不言夫釜爨意以甑與釜無關日用者乎不知有以量之必
繼有以炊之如謂甑與釜無關日用也則以火爨鼎水之謂何
矣吾試即爨之義考之爨曰象持甑似爨之宜於甑更甚於釜
也然而許子而不用爨則已許子而必爨也舍甑與釜其奚以
哉許子果何如乎

題極枯窘文卻與饒風華而綰合上下倒拘上文尤為無懈

可擊

甑爨以鐵　　館課　區洪勳

甑亦爨具也，可進思夫以鐵矣。夫甑與釜皆爨也，言念夫甑，不可進思以鐵乎。且自瓦甑成於黃帝，璆鐵貢自梁州，古盛時合工與范金，凡以備器用之質矣。顧饔飧可作，荷甑者亦供曲突之需，而材具堪徵，鑄鐵者更足鄉閭之用。以是知炊食不徒資夫溉釜而取用，尤必賴夫持鐵耳。人之[illegible]之常矣。今夫釜之成以鐵成之，然鐵之用要不僅為釜而呈[illegible]豆之類亦不書鐵而作也，則其與釜同用而非與釜同質也。更有甑乎[illegible]拒舉趾之下，田家況味，詎炊大鼎之烹，則幸爨火之無虛，[illegible]不至破甑生塵，復嘆魚生釜內。鎛趙銍刈之餘，草野風光，豈有消簋飧

之奉則望爨烟之遥起知不比隨埃　幾同爨釜之傷甑之
可爨是何異於釜哉且夫材供炊飪堪　王之心器重利民
可緬農家之用夫抵聖人在上民康物　甑亦表禎祥故風
化感脩國無破甑之爭而籩豆之馨香　士鮮坐甑之苦而
鼎鼐之滋味堪調上下共樂昇平斯飲　相安惟脩甑寔二鬴
之規而奇邪不尚亦惟聖人生上備物　金鐵非私府庫故
規模日創劍鉞之鐵可鑄農人有良耜　戈之鐵已銷編
泯有荷鋤之歡宇宙相安平蕩斯鎡基　耜共守耒耜無懸之
禁而暇豫必懲彼鐵之以之者不可　歟或稱鏚或稱鏄鐵
之為器甚繁惟其繁而以之者亦繁也　三品同珍鐵亦天地
菁華之所發故一經聖人之制作自成萬世不廢之材此固爨

以甑者視此鉄為性命亦爨以釜。視此鉄為身家也。而鉄之所以詎不大哉。或為鏗。或為鋤。鉄之見功甚廣。誰其廣而以之者更廣也。夫五行並列。鉄亦山川靈秀之所鍾。故一遇聖人之經營。自克千古必需之用。斯固以甑者視此鉄為炊爨之。亦以釜。□此鉄為執爨之本也。而人之以鉄豈不重哉。嗟乎。朝夕必□。莫使荷甑之隴地。春秋共氣。豈拋鉄器以耘田。彼炊爨而下以甑者。亦猶耕之必以鐵乎。

連與富有日年運靈裁。飭紅 無 一精妙

彌子之妻與子路之妻

有因妻而相及者使與賢可並紀矣夫彌子與子路賢佞不同也而不謂其妻之相及故並紀之嘗謂擬人必于其倫人而賢也室家亦與分榮人而不肖也室家亦與蒙垢人品之相懸不可同年而語也明矣然有時情勢可以相通而事勢可以相及不妨連類而並紀之如彌子與子路是矣夫彌子衛之倖臣也彼其以身媚君以心惑主不過妻婦之行而癰疽之類耳賓與聖門之賢更不相及而□于路之與之也何哉揆厥所由以其妻之故以子路之英豪雖彌子且無敢褻又豈婦人女子可得而並列者彌子之與子路其得因妻而才

八三

及也。復以子路之妻也。故以兩人之有妻也。此也供賢父之顏讎從

也。待嬖人之巾櫛此也。為賢者之刑于彼也。備婣姪以終老君子觀

子女二子之從夫亦如士人之遇主有幸不幸焉而吾不具論何以彌

比開

子有彌子之妻子路有子路之妻兩人若不相及也而何以言與也

此合

然彌子之妻若有關于子路子路之妻若有關于彌子兩人未始不

相及也而何必不言與也遂淂而並紀之曰彌子之妻與子路之妻

至末點出全題

闘合盡致無不如意而生發尖穎堪與慶曆小題並存

彌子之妻　黃洪憲

倖臣之配失其所歸者也夫夫者婦之綱也使倖如彌子而為之妻者不亦失身乎哉且夫國有倖臣國之辱也而家則榮之矣士有爽德士之恥也而妻固私之矣吾聞衛靈公之臣有彌子者色充下陳寵冠當朝威福出其私門公卿因其關說然其人中君蠱以為臣中女蠱以為夫也而彼為彌子之妻者何人耶想其當施衿結褵之際其父若母豈不曰必敬必戒無違夫子固以為賢然者也而今也不然其執巾櫛以事之者獨為帷簿之所蓋稱者也當桃夭於歸之時其莊若婦豈不曰無非無儀無父母遺罹固以

為將終身者也而今之不然其操箕帚以事之者共為中冓之所
不道者也在爲彌子者宗身肥家未必不以是驕其妻而豈知矣
曼傾入有甚於乞墦之行在為彌子之妻者從爵分榮未必不以
是德其夫而不知甘臨媢主祗足為袞婦之羞使其妻而果賢也
則將曰雞鳴昧旦彼丈夫也我何不幸而人之無良我以為夫彼
轉逼下文
不能庇其身何以庇其伉儷耶其不相泣而相羞也蓋亦罕矣使
其妻而不賢也則將曰高車駟馬我丈夫也我亦何幸而君之媢
子我以為家彼力能得於衛君吾力不能得於夫子耶矣不相謳
局排奡緊宕
而相慶也蓋亦鮮矣然而由君子觀之寵臣不敢軒輊色衰愛弛

彌子之妻（孟子）　黃洪憲

衛將何有於瑕又何有於瑕之妻也即貴緣媚竈替又得藉是爲
乎[illegible]之時以內則論之婦言不踰閾彼毀名辱身瑕且不行於妻
[illegible]交○說○仍○截○得○佳　已○轉○到○子○路○妙○在○此○句
又何有於妻之惡也雖假威怙寵者豈得借此爲市恩之[illegible]故書
彌子志倖也書彌子之妻志配也此一婦人者節不見於形管名
不載於春秋而徒今萬世而下稱爲彌子之妻其幸耶其不幸耶
雖然爲衛士之妻者則致譏於臣僕爲齊人之妻者則相泣於中
庭而彌子之妻未聞其有是也其人可知矣
滴水爲龍聚沙成佛是將無作有即在時刻中不能與之鬭
奇上　包儀甫

步步虛○翻開合變於反覆不竭○初嫌其筆不甚輕○然後人或遜此雅○

彌子之妻　史魧光

倖臣亦有妻可異也夫瑕不夫矣尚有妻哉而彌子為倖臣則其妻亦倖臣之妻已嘗謂貞士必慎同氣之求而倖臣以厚姬妻之以則盛德擇交以求其友而小人惑溺但偷其家所以其妻特畜也夫（與上法一樣論開合章旨）孔子所主者雝由也而奈何以為癰疽夫癰疽雖倖不倖于彌子也而彌子何如哉固非可接聖孫之光儀而亦雖對妻妾于中庭者也乃至今尚傳彌子之妻何耶孟庸與孟弋與孟姜與而彌子特一姓（如讀頭之前串覺有無數調）（必能編在正學數下何也）倖耶求公結禱于貴族齊之姜與宋之子與東宮之妹與而彌子莊（現前主出）

貫顯　必侃偎于大邦而彌子之盡何以稱焉夫雝由當有妻知

天下真　下二　伍九　辛丑　小題觀成

即癰癰　當有妻矣雖由之妻則賢士之婦而癰疽之妻則亦寺臣

之配也亦此之稱而稱彌子之妻誠何以稱焉且泣魚有人矣未聞

有人矣其妻不著而彌子之妻何以獨著哉想色衰愛弛之後其妻

○正○為○有○行也○○手○路○在○下○寫○彌○子○不○嫌○其○衰○○

所感動夫彌子者猶彌子之所以感動夫靈者也龍辱子奪之後彌

○○○○○便○伏○第○想○可○得○句○○○○○○○

于所能得之于君者皆其妻之能得于彌子者也美女破舌美男破

老則彌子列嬖倖之林未必非愛妻而妻也而女無好醜入宮見妒

士無賢不肖入朝見嫉則使彌子有蔽賢之意未必非沽與衷之珠

也嬌君之駕而君不敢問妻也而彌瑕之瑕亦不敢問也瑕也僉

台以餘而君不忍罪妻也而食瑕以餘瑕亦不忍罪也瑕也惕君子

當前而君不知爲妻也媚瑕于當前而瑕亦必不知也吾聞衛風淫蕩即小君猶有艾豭之誚而爲瑕也妻者亦不能自拔于流俗而世主宣淫即彌子已備弄臣之列則爲瑕也妻者得毋合轍乎桑濮雞鳴昧旦者何人而褻執巾櫛于彌子則爲瑕也妻者反爲瑕也羞縞衣綦巾者何人而得奉彌子之箕帚則爲瑕也妻者亦爲瑕也慶然爲彌子之妻則人也實緣乎彌子者妻得而主之人也欲緣彌子而不得者未始不可告其妻以達之而彌子有言衛君必從妻之言瑕者妻之意欲瑕以達之君前無不從而彌子之妻之權遂大重乎　故其所與往來者非于朝之妻即孔圍之室與諸大家而

天　下孟

宗族

之彼其未先者且比之而

彌之張子之妻做得極親熱若兩人先自冷落則妻之兄弟無情

況矣尤可笑者并做得靈公彌子彌子之妻三人又極親熱亦不

如是則衛卿可得句從何處來文有必至非好以醜詆虛誕爲異

也

彌子之妻至子路以告

司徒棠

幸臣因賢者以要聖，若使賢者多言焉。夫有爲彌子〻路作之合者，而彌子乃欲孔子主之矣。子路之告也，豈果謂衛卿可得哉。從來人不能無因而遇也，言不能無因而投也。有所因爲不必遇者之同心，有所因而不必投者之當意，徒使悄乎有聞者欲冷口而何情欲然存而不得，則亦情事之轉不如無因者已。於衛主顏讐，由夫孔子豈不欲得衛之柄而操之哉，而無如衛之君若弗知孔子至也。當是時，子路寔從，壯心躍〻，盼適館以何時與地遇〻，抱幽情而孰訴，乃傳車久之，而竊見幸臣彌子之竟與子路通笑言也誰為為之則彌子之妻與子路之妻兄弟也今夫彌子自彌子也子路自子路也遭逢固無定耳人不相謀何妨天為作合則適（提筆調鼓分茅）從何來原不必以瑣瑣嫻婭為子路傷吾道之窮人心各自藏身（六緩歌慢舞從頭合度）與為婚媾寧遂藉以先容則休且就舍又何從以嘖嘖煩言為孔子壽壽謝之策乃不謂彌子則且欲孔子主之也詡而指之曰我顯若以匪伊與人曲繪嬌態分桃之而自艷而稱之曰衛卿明示（錢背衆物如睹其人）以淒吾何故巧迎三年期月之心思主則得之何惜易地之勞舍我其誰若侯嘉賓之過嗟乎彼豈知吾雖謂子路于子路固弗欲告孔子哉然而子路正不得不以告也明亦知偉邀之術已且不為

而不入耳之談彼此謬託於雅人之深致則聊述其大端以示作
傷心之聽固亦如婦與婦黨者之不妨肆其口而陳也而豈視夫
大閱係語 不於衛子路識見超越
子路淺也明亦知嬖臣之褻聖人不入而溷吾聽之說何足漸染
乎余情之信芳則始明其譎計以蓋見行道之難固亦如避過避
援釋入神 可傳奇秘
人者之不妨借吾言而達也而豈子彌子以權寵之意誰氏之子者
衛臣而過人不淑非君之故向至聖而朕亦難捫彌子寔挾一戚
嘅来也子路非因兄弟而故以彌子之言告孔子也迨孔子曰有
結洗高絕
命而子路快矣而彌子淡矣蓋彌子自彌子子路自子路也
風流蘊藉文品最高而其闡尊聖扶賢為吾道干城者不小

彌子之妻與　弟也　吳鐘

賢佞也而姻婭不可謂非仕衛者之任也夫子路學於孔氏彌子嬖於衛若不相與也而其妻則兄弟也寧非聖人仕衛之一助哉且從來賢人願與賢人親而賢人必不願與賢人親此常理也顧有本不屑與之親而其勢不得不與之為親者是則天作之合雖非君子所屑道然而正可觀聖人所主之嚴以辨好事者誣聖之妄昔者孔子之至于衛也因主顏讎由矣然亦思孔子于衛何為乎將以仕衛也則試問仁仁之私暱於衛君而左右便嬖能使衛君惟其言之是聽者夫非也耶乃還問吾黨之從遊于孔子而車馬周旋日與孔

轉折有法

[illegible]竹軒　集　匠門書屋

于歷聘遇以行道者夫非子路也耶此兩人者自其始而論之
彌子何與于子路子路何與于彌子志行各别邪與正自不相謀從
其後而觀之彌子若甚有與于子路子路若甚有與于彌子彼此無（不着一點塵埃）
猜暌與好且清然莫辨則其妻之為之也何也彌子之妻與子路之
妻兄弟也由君子論之則為彌子也妻者當嗟遇人之不淑焉各（開闔有法[illegible]掉甚工絶似先民律度）
也妾者宜稱君子之好逑維彼兄弟殆亦有幸不幸焉然安知無彌
子妻者不自快權籍之有餘而有愛及同父之想為子路妻者不自
傷貧窶之無聊而有求援骨肉之思維彼兄弟固欲親無失其為親
焉雖夫子制義從婦則凶在子路豈屑叙帷房之戚而因其妻以邀

倭僂之交歡乃婚姻之故言就彌居在彌子且幸託燕婉之私而固其妻以竊聖賢之光寵彼一時也彌子惟知衛君子路惟知孔子情實相反也而既有其妻則彌子可以知子路亦可以知孔子、子路亦以知彌子亦可以知衛君似天下情之易合者莫過乎是也衛君親彌子竟未嘗一親孔子孔子親子路絕不見親于衛君勢又相也而自有彌子之妻與子路之妻則衛君親彌子且將因彌子而遂親乎孔子孔子親子路且將因子路而遂親乎衛君又似天下勢之至近者莫過乎是也於此可以觀聖人之所主已

（筆之巧幻絕非有油腥者可摹倣一向）

絕似｜滑稽東方射覆 原批

癸酉科　集

通篇用一圍故得毘陵作文之妙訣○文以章法勝人此題俗

艷滴不能盡

彌子之　吳

彌子之妻　弟也　吳　鐘

賢佞也而姻婭不可謂非仕衛者之要途也夫子路學于孔子彌子嬖于衛君不相與也而其妻則與與之寧非聖人仕衛之一助哉從來宵人願與賢人親而賢人必不願與宵人親此常理也顧有本不願與之親而其勢乃不得不與之為親者是則天作之合雖非君子所屑道然吾人欲觀聖人所主之嚴以辯好事者誣聖之妄正樂于是乎詳之蓋昔者孔子之于衛也固主顏讐由矣盍亦思孔子于衛奚為乎殆為衛君也則試問當日之私暱于衛君而側媚左右能使衛君惟其言之是聽者夫非彌子也耶乃嚴讐吾黨之從游于孔子而

車馬周旋日與孔子歷聘與一偶以行道者夫非子路也耶此兩人

創始以含意

者自其始而論之彌子何與于子路子路何與于彌子志行各別耶

與正自不相謀從其後而論之彌子若甚有與于子路子路若甚有

與于彌子彼此無猜賢與奸凡濇然莫辨則其妻之為之也何也彌

子之妻與子路之妻兄弟也兩君子觀之則為彌子也妻者當遭遇

人之不淑為子路也妻者宜稱君子之好逑維彼兄弟亦有幸有不

幸焉然安知為彌子妻者不自快權籍之有餘而有愛及同父之誤

為子路妻者不自傷貧窶之無聊而有求援骨肉之思維彼兄弟諒

欲親無失其為親焉雖夫子制義從婦則凶在子路豈肯紆權旁也

戚而因其妻以傳姣倖之交歡乃婚姻之紋言就彌居在彌子實牟托燕婉之誼而藉其妻以窺聖賢之光寵彼一時也彌子初心惟知

> 一比賓主拈拌

> 作人留攔其中骨眼注明卻極分明如觀潮湧劍舞

衛君子路初心惟知孔子情固相反也而既有其謀則彌子豈惟知衛君無亦念妻兄弟之私而即以知衛君之心知子路而并知孔子子路豈惟知孔子無亦為妻兄弟之私而且以知孔子之心知彌子而因知衛君轉以天下情之易合者莫過乎是也衛君親彌子竟未嘗一親孔子孔子親子路絕不聞見孰乎衛君勢固相遠也而自有彌子之妻與子路之妻則衛君親彌子或乃以親彌子之故而遂因彌子而親及孔子孔子親子路或乃以親子路之故而遂因子路而

獲覩衛君又似天下勢之至近者莫過乎是也欲覩聖人之所主者
爲不于是乎詳之

通篇一闢一闔妙得荊川作文秘鑰　張自容

山落各有譜式關會部用開闔中間閒情交互總不說實而四人
俱入彀自有注射之法方是過脈之體

彌子之妻　弟也　宋德宏

曲敘之而有徑焉甚無與于君臣也夫問彌子則子路惟私問子路

則彌子唯私此其間孔子無與焉公亦無與焉然曲敘及之不可謂

非一徑也吾聞君臣爲彝倫之首也非可以他途求也自後世視功

（來澤點人）

名日重邀功名日工而視君臣遂日襍于是孔子大聖亦有誣其主

（只寫大意最高）（[illegible]）

癰疽瘠環者則易取其于衛之事而徐求之衛之有靈公也子知之

也衛靈之有彌子也子知之乎唉餘桃而公不敢嫌駕君車而公不

（妙）（孔子是未可隱是課）

敢問即其人也于衛之有孔子也子知之也孔子于衛之以子路從

也子知之乎未之不已而子亦托東周以自解小君招摇而子亦援

天獻以自中即其人也之二人一負嘗精之望一頸傾城之容其性不相親也之二人一馳驅于道路一宴寢于閨闥其迹不相及也即（作○一○折○轉○出○二○子○之○妻○來）使彌子力能得之衛君子路力能強之孔子而是二人則由何道以（善○關○然○面）（先○出○碎○子○上○妻）交懽乎而孰知天下事又有非意計之所得量者蓋彌子又有妻（生○出○波○瀾○妙）或曰彌子不必有妻也方當泣魚豈遑弋鳳或曰彌子必應有妻也兩美必悅兩少必憐而戀之彌子有妻者男女之欲也凡彌子所以（時○之○然○領○需○分）（次○出○子○路○之○妻）愛其妻亦如甄公所以愛彌子斯已矣而子路亦有妻云或曰子路不聞有妻也身為勞人豈求靜女或同子路胡得無妻也進而受學退必刑于兩戀之子路有妻者人倫之大也凡子路所以教其妻亦

如孔子所以教子路斯已矣然而彌子有妻則于孔子何與也子路（領着孔子妙）（又瀾）
有妻則于靈公何與也耶姑置靈公之于孔子而彌子有妻則于子（頓挫妙）
路何與也子路有妻則于彌子何與也曰天下事固非意計之所得
量也夫彌子與子路疏則加疏矣彌子之妻與子路之妻親則加親（快如并剪）
矣自其加疏者論之則子路之惡彌子也更嚴于孔子之惡彌子而（妙）
自其加親者論之則彌子之暱子路也更過于彌子之暱靈公無他
孟兩人之妻則兄弟也嗟乎因子路而得子路之妻因子路之妻而（此一段入肯綮言）
得彌子之妻因彌子之妻而得彌子然後因彌子而得靈公其得靈（明徹如洗情狀絕妙絕）
公不已曲乎然以彌子而念其妻以其妻之故而念妻之兄弟以妻

之兄弟之故而念子路而又以子路之故而念孔子其念孔子不已歟乎然而孔子不取也奈何好事者之誣也

此三句是引端之辭若不待說畢在聽者亦茫然無着作者妙于點前將靈公彌子之路孔子提清然後入到本文敷作紆迴曲折觀者一轉一迴一曲一勝　毛季連

因靈公孔子生出彌子之路又生出彌子之妻子路之妻叙來極有提在然亦極多曲折有其遂層遞落閒處生波遍寫千迴百折到後一氣摶結文章之變化極矣

彌子之　宋

彌子之妻

江南鄭學院歲入 合肥縣學六名 周世元

因倖臣而及其妻、非欲以觀倖臣也、夫彌子已不足言、遑問其妻。然孟子因論孔子之所主而並及之、意固不在彌子耳。嘗謂思君者寄懷于微美娟修者、何用夫行媒。士君子守不字之貞、則倖（如、品、貴、介、）固所弗屑道、而獨以遠賢親佞之國（○遠○賢○親○佞○）、則雖其中潔貞自在人口者（○理○清○辭○高○米○才○文○俱○）、彼或謂孔子主癰疽、不知斯人乎、何如而衛君之嬖彌子、則因彰彰矣、孔子豈不聞之乎、而何獨讎由是主也。夫以衛之邦、有讎由、閒有孔子、苟離之而惡於為兩美、而衛之朝有讎由、後有彌子、即合之而固知其兩傷。然則彼彌子瑕不足言、而忽乃及于彌

子之妻何也或者其妻間諸姊及伯姊素有沐于荀齊季女之化
勁○下○筆○
或者其妻念來好辭雜佩因無歡于有家怖士之貲無以彌子矯
○劉○十○義○
君卓矣薦餘桃矣從公之媚于安知妻不幸其攬權而以彌子矣
事只○合曲中暑○具
嬖寵矣嬖色衰矣竊臣不敢軒入安知妻不慮其家助曰雞鳴曰
○之○字○字○出○穿○漏○
昧旦許非彌子所能致于其妻而不為謫室家之不足則雖夫也
○腴○下○筆○鋒○其○筆○生○
不良而假威怙勢之餘固嘗與子宜之者也宋之子齊之姜縱非
○情○芸○熱○烈○引○于○劇○轉○動○矣○
彌子之妻所能引以重彌子而[illegible]既婚姻之孔云苟思女也哉
○喉○下○妙○入○神○品○
則施於無禍以來何莫非溺人[illegible]之者也獨是彌子柔學曾成姝
○對○上○機○巾○
士之端人鮮有合者入門而調[illegible]琴瑟之[illegible]意氣祗堪自得況彌子

依倖流閒他國之正士聞有觀〻看退食而憐惜佛之雖同心弟子

二人蓋妻私彌子者也私彌子〻則知有彌子而已矣乎絕倫之嫂

爾姻婭所莫與抗衡顯彌子樂〻婁孝者也樂婁孝則知有婁孝而

已萬萬私揣之思亦業籠之何難波及其以子路為媒而欲招致

聖人也不可以觀我孔子乎

代爲〻亞聖作謔浪語其罪何宜然優則對清此訴語脈旁見

側出態濃意遠都不礙雅人深致也

杭州　查昌鄴　天池

彌子之妻

衛臣有妻、佞之媒也、夫彌子何如人、則彌子之妻亦何如人耶、而說者曰、（用漢郊祀歌句法）聖人來佞為媒矣、且吾讀衛風至碩人、未嘗不廢書嘆世以為何物一女子、而張皇潤色、迄於今猶艷稱衛侯之妻也哉、豈知擅三宮（六朝麗句）之美、望固隆於齊子、邢姨即膺再命之榮、情孰託於修眉皓齒、恭觀後事、則又憬然悟矣、吾因孔子之主讐由、而進詳其事、夫君子與君子以同道為朋、此時孔子之意中、第知有讐由也、有讐由而何知有彌子、而小人與小人以同利為朋、此時孔意中殆不知有彌子也、不知有彌子、又何知有彌子之妻、雖

孟子

下事有大可慨已造物清淑之氣有時不鍾於男子而鍾於
布衣不得推擇或目于甚無聊之際振其困窮至反困巾幗
之憐才以階進取一生人仕宦之途大抵不由于苞苴即由于女謁
富貴幸毋相忘忽焉於不相知之人巧為作合至能得人主之陰
事以通與援而試問彌子之妻果何如者嗟乎妻身幼賤致啟我
端而此既非徐吾犯之妹絕意笑言徒傷貌寢而此更非賈大夫
之妻豈必胡帝胡天耀山河於象服而謂爾內子居然命婦之首
行藉令如英如玉雜環佩于絺帷則相我小君得竊聖人之斗筲
而或且以彌子之故同類而共嘲之是耶非耶在衛人畏彌子敬

彌子甚而思媚其婦是爲彌子妻者不可謂非幸也然而煬竈當前之形見者色動則覆盛思危或恐士也之罔極矣在彌子對衛君倚衛君或至作色於室是爲彌子妻者不可謂非不幸也然而餘桃獻紉之寵聞者心驚則夸榮自潤幾忘夫也之不良矣故使其妻而善推彌子之恩也紛瑣、婣婭豈無膴仕則其問諸姑以及伯姊者猶得以蔭庇本根一抑使其妻而善補彌子之過也歆羨肅霄征夙夜在公而其無攸遂以在中饋者自足爲交游光寵況長、今之人莫如兄弟也耶

定衛帥可渴句立論豐簡中頗有因緣間ゝ着色處ゝ可人

一、點脂粉氣，文品故在王、第以上。　許酉峰

芳楊烈郁々菲々，故自不同楚艷。　張寶臣

與子路之妻兄弟也

順治乙未　巢震林

援內戚于賢者亦倖臣之榮也夫妻配彌子其賤亦甚而與子路之妻則兄弟焉將藉是以望聖門末光乎且自如雲新爛倖臣紐其黨宗就宿舊姻窮民歎其樗薗是以貴游之戚則競誇寒素之親則恥近焉非所論于孔子之門也孔子母夫人曰徵在顏姓顏氏今雖由居衛度非其母族可援娶于亓官又聞出妻則妻黨亦衰弱無足恃乃有彌子者與聖門稍有親故則其妻與子路之妻實兄弟云以彼餘桃竊愛亦其妻之所羞也子路則名聞諸侯有將帥之才視其夫遠勝焉則有媢心于子路之妻未可知然以彼

外嬖承恩或又其妻之所歡也子路雖暫治蒲邑鮮君王之寵視
即閒照應
其夫少遜焉則有矜色于子路之妻未可知衛之先故有碩美之
切合衛國天生恰佑
后于邢侯則為姨于譚公則維私是邢譚兩君之妻兄弟也國人
出清與字
方歌之以為美談而今日者孤媚工讒之室乃得與髙賢之淑媛
以子路為主方不連上
實相伯仲子路雖則剛方難近兩家之過從不可絕也正月之篇曰
洽比其隣婚姻孔云天作之合偏在是歟衛之先又有賢哲之女
一適許穆公賦載馳一適宋桓公賦河廣是許宋二國之妻兄弟
也當時既載之以為令德而今日者嬖臣偕老之耦乃得與大儒
逗下雜集
之內子並屬雁行子路雖兒女寡情彼姝之問遺不可止也宋父

之詩曰瑣瑣姻亞則無膴仕事有偶然倘在是歟昔子路有姊之喪不除服曰吾寡兄弟而弗忍也夫已無兄弟或篤念于其妻之兄弟當亦親親之情所為乎（懷引更巧）使人請孔子曰四方之君子不辱欲與寡君為兄弟者必見寡小君夫小君欲假兄弟之名以見子路之師或子路即因妻之兄弟以進其師為靈公之兄弟當亦得君（恩定處歸到孔子更切衛靈時事）（奪天工而含蓄逼起下意巧）從徑也左皇右英以帝亂華嫁有緣則彼此均榮公冶南宮以寒士同甥孔氏則室家比德若夫一貴一賤一賢一不肖兩者相遇（奇波不窮）歸而謀諸婦其難免世俗之論也夫

止為孔子與衛靈膠漆不着于意中生此奇緣下文奏到語語

總文章

從子路敘親語語不伏孔子緣素旁外無端攜許多眷屬都是不關節人意中籌韻致寄情物想盡歸入法無一語落閒境

陸雯若

與子路

彌子之妻　弟也　　劉巘

人不相合而合焉以親相附也夫親者雖無失其為親然彌子何人也子路何人也異哉其妻之為兄弟也且詩人之刺小人也謂瑣瑣姻亞而無不膴仕也則人之親親以相及也其希世之一階乎孔子至顏讐由讐由者賢大夫也於孔子友也非有葭莩之親也彌子者衛之所賤簡也靈公嬖之甚唯彌子之言是從然顏氏之庭無彌子之跡也而孔氏之門人弟子絶不與彌子通請謁納交遊也乃其妻有子路者嫉不善而不入者也何游孔氏之門所謂惡言不入于聖人之耳者子路其人也乃一旦子路來而彌子竊竊然喜也夫彌子

息其害其

甲戌科小題文選　孟子

也。子路也。胡然而合乎哉。曰以妻故也。何以妻故也。以彌子之妻與子路之妻故也。夫妻也者。婦道也。外言不入于閫也。內言不出于閫也。雖以赫赫然傒君子奪之權。而匹配乎邦君。如少君之為重。公妻也者。君子以為妻。失其為妻者也。苟士相見而通問。及于妻。是以男子而行婦道也。然則之二人者。邈乎其漠不相接也。何言乎以彌子之妻與子路之妻故也。曰是殆猶夫譚侯之與邢侯也。叔隗之與季隗也。宋桓夫人之與許穆夫人也。何也。兄弟也。故曰以彌子之妻與子路之妻故也。雖然。與之為辭。孰與之。彌子與之。欲絕之而不能。不能禁其不與也。若曰非子路之與彌子為緣也。乃彌子之與子路為

根柢經傳以發與字

疏與字更精

附也以與繫之彌子使子路若不屑與者然春秋之義也

夏雲隨風頃刻百變無復驅使古人之迹

彌子之　劉

彌子之妻與　二句　劉巘

人不相合而合焉以親相附也夫親者雖無失其為親然彌子何人也子路何人也異哉其妻之為兄弟也且詩人之刺小人也謂瑣瑣姻亞而無不膴仕也則人之親之以相及也其希世之一階乎春秋貴世族則自父子而下莫親乎兄弟之親從未聞丈夫而有妻貴者夫丈夫以妻貴且不可而況乎因妻以類及于族姻乎孔子主顏讐由讐由者賢大夫也于孔子友也非有葭莩之親也（叙次有情致）彌子者國之之褒餙也靈公嬖之甚惟彌子之言是從然顏夫之寵無彌子之跡孔氏之門人弟子絕不與彌子通請謁納交游也乃其徒有

劉

子嫉不善而不入者也自昔孔氏之門所謂惡言不入于聖人（映以告）
之耳者子路其人也乃一旦子路來而彌子竊竊然喜也（睽甚）夫彌子也
子路也胡然而合乎哉曰以妻故也何以妻故也以彌子之妻與子
路之妻故也夫妻也者婦道也外言不入于閫也內言不出于閫也
雖以赫赫然侵君子奪之權而匹配乎邦君如少君之為靈公妻也（波瀾激射）
者君子以為妻失其為妻者也苟士相見而通問及于妻是以罔子
而行婦道也且彌子雖顯榮然而佞倖也其妻而為賢匹與則宜為
瑕也羞其妻而非良匹與則宜為瑕也慶子路雖賢豪然而貧窶也
其妻而為嘉偶與則宜為由也樂其妻而為怨偶與則宜為由也悲

孟子

然蓋固無益也慶亦無庸也樂同無為也憂亦不必也女子猶乎
者也此自有數焉存于其間而妻莫之如何也然而之二人者噉乎
（無有命）（猶字訣宕）
其漠不相接也何言乎以彌子之妻與子路之妻敵也曰是稱猶夫
譚侯之與邢侯也叔隗之與季隗也宋桓夫人之與許穆夫人也亦
也兄弟也故曰以彌子之妻與子路之妻故也雖然與之為辭[illegible]與
之彌子與之欲絕之而不能不能禁其不與也若曰非子路之與彌
（為求神韻）
子為緣也乃彌子之與子路為附也以與繫之彌子使子路若不屑
與聞於春秋之義也

隨風頃刻百變無復驅使古人之迹

彌子謂子　以告　　許獬

幸臣謗聖以利，賢者探聖以意。夫以倖臣而欲借交于聖人，豈子路所忍聞哉。所以告者，其意深矣。且夫彌子瑕者，衛君一媚子耳，其習與之遊者，皆其黨權附勢而為利來者也。不然則其畏也，曾未聞有道德仁義之士，其一禮子其門者，此彌子之恥也。一旦內托綠絡之親，外藉侯王之重，欲附子路以主孔子，以為孔子大聖人也。幸而主我，以孔子重矣。我因而以衛卿與孔子，孔子以我重矣。我以孔子重，重在我也。孔子以我重，則我于衛國有薦賢為國之名，重亦在我也。此其所以顛綿窶主之欲，而通慇懃於子路也。乃子路何如

之字

彼其辭蒙就義素不以寵祿動其心即攝相之如猶深拔而何

一衛嬖之賤名觴行素不以匪人結其節即衛孺子之見猶不識焉而

知一彌子其意若曰天下之不諱窮不求通者無如夫子矣下之為

代彌子語對寫寄情

點次有次第

不讎涅不緇潔亦供如夫子使吾告之而夫子拒之則不善不入非

虛語也而介石終為貞明潔者為悔吾固可以得上人乎待之節矣

吾告之而夫子然之則與世推移是或一道也而卷還皆為通繫

說得透

者為問吾則可以識聖人應世之權斯則其告夫子意也若以子路

之告為董彌子之請而曲通其意則其自待亦輕矣若以子路之告

為卑衛卿之得而欲赴其會則其待孔子亦輕矣夫子曷不為也

許

彌子謂子　以告（孟子）　許獬

評寫末句有識有尚

彌子謂

許鍾斗先生稿　孟子

第三十五冊 卷一〇五

邇之事父遠之事君

崇文黃　楷鐵如

倫莫重於君父學詩者得其大也夫事父事君詩無不備學之遠邇咸宜矣子故以此勗小子乎嘗思德行先於文章而文章亦以表揚德行故詩三百篇大抵皆忠臣孝子之詞也顧或謂吾生平行在孝經志在春秋似忠孝之旨別有所傳獨不知古人誦蓼莪而心愴勞勩賦黍稷而興懷王室者則又何也興觀羣怨小子既學之矣獨是吾也望防山而隕涕幾傷五父之衢向魏闕而言旋（從子冉以身合財捐晉甚累）莫違三年之憂父也君也固未得終事者吾嘗刪詩不忍卒業也久矣蓋在作詩者本纏聯悱惻之情以抒懷抱未嘗以為子為臣

之法貽厥後人故片語之數陳志自存其膽篤而在學詩者本心
術性情之正夫其生感原欲以子鵲臣鵠之防無慚家國故終身
之大節道不越乎篇章然而家人有嚴君之謂移孝可以作忠當
出手○筆意○善○大　兩句○鉤○心○鬥○角
庶有父子之親立愛即以明敬事父何邇瞞乎遠則邇也事君何
句○法○章○法　言○炤○特○示○弁
遠瞞乎邇則遠也事莫難於以孽子而遇愚父君子觀小弁八章
逆○寫○作○柱○樹○議○從○人○作○也○掃○一○切
而嘆作此詩者之教孝也當其纍起庭闈幾欲呼天而疾首而嫺
孝○括
鳴椒苑祇自盡其瞻依毛裏之誠故舉一小弁而景泛柏舟無論
六○層○俱○是○妙
焉所可幸者則慶因心事賢父者猶音祉福永言維則事聖父者
三○複○柱○意
肅廟雍宮因其逆而得其順則家庭和易用申錫類之恩所謂愉

色貌容以事之者願小子不詠析薪而觴春酒也事莫難於以貌
臣而遇沖主君子讀鴟鴞諸篇而嘆作此詩者之教忠也維時禍
成骨肉自甘拮据而捋荼而破斧缺斨終自莫其風雨綢繆之宇
故舉一鴟鴞而振蕩民勞無論焉所可幸者黃流玉瓚事英或者
采風陳一德之休交龜飛駕事聖主者公宴上萬年之頌因其變
而遇其常則堂陛雍容同答太平之福所謂鼙鼓歡忻以事之者
願小子無憂辛盤而誦羔羊也或謂王事歌其來諗願事父者不
獲事君行役嗟其陟山既事君者不遑事父乃父主於恩君主於
義尊親豈有二情臣子本同一理則詩之激發者深矣而且飫棣

華之首酒近有兄弟之孔懷聽喬水之鳴嚶遠有友生之是顧不
知因事父而及諸昆因事君而及良友則登堂常抱維罍之恥深
山如聞待漏之聲則詩之感觸著徵矣倚於家而貢於國小子誠
三代之英哉而不第此也

透發無遺竭盡此題能事　馮山長評

抒詞結響別具騰擲飄飄習凌雲之氣　周茗堂

延之　黃

闕黨童子　全章　　李學龍

抑童子以禮教之所由善也夫以童子將命六子固欲導以求益之方而化其速成之見也彼或人致疑為益殊未窺聖教之善欤嘗思强立之規必由于深造而習儀之謹更切于童蒙大聖人本此意以教及門其所以裁抑者自有道也自淺見者測之幾疑異數之有加而不知因其氣質以神其變化即一使令間固有示其曲成之大用者則如夫子于闕党童子是已今夫童子固修其德而可造于微亦越其閑而易流于縱者也則所以教之者豈無術哉昔先王立少儀以貽品節造就維殷故即席昭隅坐之文齒讓

逐○翻○起○緊○

先叙其衷

鄉墨鴻裁　壬午福建　論語

著徐行之節所以導天下之後生而垂之範原不欲其踰閑蕩檢竟高位置以自居而聖人因材質以大鈞陶漸摩有自故進退協高卑之度傳宣習賓主之儀所以戢成童之縱弛而作其恭初何嘗以爾雅溫文或慕風流以相賞然則以童子供將命之役聖人之微意有在矣何或人疑其為益欲今夫學之益不益于心之靜躁分之而益之求不求于身之敬肆驗之其在己益者蘊蓄深而沖和自著固不僅于行坐周旋之內挹其休光而童子異是也其在求益者向往切而志慮弥沉亦即于先生長者之前覘其德器而童子又異是也挾軽心以相掉而功脩闕畧既冐昧而不知進

落款者句

層層流發文情容律

穡

驪海集　劉鶴翔

穡亦有賴於教、勞心爲已至矣。夫穡以終稼之事、教之未周、農事無以告厥成也。此后稷之勞心所必至耳。且古者以耒耨之利教天下、故神農以氏帝、而刈穫之事獨未詳。豈以大利方興、無慮不終其事耶。及觀後世主先嗇而配以司嗇、乃知力不必出諸已、而貨不使棄於地、其欲以美利利天下者、可想見古大人用心之詳密焉。后稷教民、必自稼始、不稼則胡以穡也。雖然、穡亦非教不爲功。三之日、四之日、于耜舉趾、所以償其況瘁者、尤必鼓民氣於鋤雲犂雲而後、否則恐其力田而不逢也。三年耕、九年耕、暑雨祈寒、所有期于旨蓄者、猶當集民力於露凝霜降之辰否或轉疑鹵莽而報予也穡之不可不教也后稷又籌之至孰矣前此洚洞方儆稼且未遑何有於穡即冀雍多高燥之產不盡惜耰鋤之力而農功未畢時或因昏墊堪虞恝然棄高曾之隴畝將聽其自榮自落於水樹山邱之外而未由親巡以董其成至是水土甫平稼勿辭勞爲遺于穡即荊揚爲卑濕之地應亦收作乂之功而畎畝未終又或因艱鮮未奏厥然忘銍艾之奄觀且任其縱生橫生於墳衍原隰之間而必藉諄勉以終其業后稷以爲民之大事在農不穡無以竣乃事也擇己隕而有不穫之竊户。墐而有不斂之穧維禽其饗之矣教之以是穫是畝之方使知築場納禾之地穡事之重無後時焉囷屢取於是倉箱求於是服田力穡乃亦有秋顧我民奉承而弗遂爾民之厚生在勤不穡無以遂其生也欣既阜而不及俟堅好之形覩如雲而忽已急籌車之載維帝其康之乎教之以是負是任之序使知既蜡乃息民之日穡事之成無先時焉報賽興於斯秷秸納於斯民狎其野穡人成功願我民黽勉而勿怠爾夫是以畀我尸饔而為酒食者猶曰曾孫之穡不特從其尊而為本乎皇祖之號守其穀者亦知其所歸美矣即當其締嚴豐草而視穎栗者必曰后稷之穡相與要其終而追序夫有部之續服其穀者非敢忘所自來矣蓋穡所以成其稼也教之維何亦樹藝五穀而已后稷々之勞心豈一手一足之烈哉

簞食壺漿

于學院歲試取入
丹江學十五名 尤垂珍 際垣

燕民之備物、可以觀厥情矣、夫當被兵之時、而奚暇簞食壺漿也、燕民殆有深意耶、且吾觀商周革命之際、其君子實元黃于篚、而其小人簞食壺漿、以爲休哉、何風之隆也、乃不謂晚近之世、敵國相侵、而小人之自備其物者、亦若與昔日之民相類焉、吾不知其何意也、燕亦萬乘之國也、而齊儼然伐之、令燕斯時而有發敵致粟之心、則當訓卒厲兵、秣馬蓐食而備、乃簞芟峙乃糗糧、以爲攻戰之具焉可矣、郎不然、而第有聊固吾圉之意、亦惟堅營深壘、征繕完聚、而不至易于而食、析骸而爨、以爲敵人之幸焉足矣、而燕

民胡竟以簞食壺漿開嗟乎世之衰也鷙驁有餘食而百姓恒歉

古文氣骨

半菽之不充酖飲窮日夜而黍元常苦酒漿之莫繼況彼燕民國

亂于內兵困于外儲蓄罄于征輸飢渴漸于荼毒方且倉黃莫措

救口不給顧安所得食而備之漿而貯之以盛諸簞壺間哉乃燕

之致此也何居是豈不知烽燧舉於郊關而猶自率其餽饋之常

兩股類陳不至犂實妙甚

相與具此酒食以講婦子一日之歡耶彼燕民恐未必有此間情

也抑豈不知強鄰壓於境上而尚自安其往來之恒相與備此甘

旨以修賓朋片刻之樂耶彼燕民恐未必有此逸興也吾聞盤飧

議論風生

之饋晉文以[illegible]見德樽酒之薄趙國以此被兵今齊非報置璧之

恩六旦但修醻酒之怨而燕民之愍愍無已者第恐夫式食式飲
之不供爲何其頓忘夫恢復之志而反若有糴糧之形吾聞商人
有十二之犒社門遂以無功顧父有百壺之餞昇輸遂以有賴今
學史○春○起○脫○下○真○乃○星○羅○碁○布○
齊賓運襄鄭之謀豈其等于完韓之舉而燕民之驚喜交集昔謝
覺言嘗言獻之獨周焉何其頓忘夫戰禦之心而第出于賙貧之
備簋草野别無供具不能爲筐篚之陳而惟菽粟纖嗇亦若爲厚薄
之所將田間詎曉禮文不能爲玉帛之獻而僅此不腆之六若爲云
收○惑○妙○不○古○宜
誠之所達何也以迎王師也夫迎王師何意也
學院于老夫子原評

二十

簞食壺漿　李甲乙

欲觀燕民之悅。而代擬其所挾之物焉。夫物而曰簞食壺漿。燕皆有之。于齊何與焉。孟氏殆欲借是以揣民情也。曰今者王欲取燕。而逕度之天意。臣則以爲近觀民情而已。蓋天意未可知。而民情大可見。王試從伐國之時。憑軾而望之。則不見夫擾攘之下。紛紛而畢挾者。伊何物耶。知以齊伐燕。使燕而爲是捍禦之計也。者則彼也。荷戈此也。執殳將見輜重所載者。不曰甲兵之具。則曰糗糧之需也。使燕而爲是行成之謀也。者則彼也。牽犧此也。薦幣行也。行李所挾者。不曰玉帛之陳。則曰牲酒之執也。無何而視其轍所

歲進　晉江縣　第十二名

八閩試牘

望其旗靡辟且鳥獸散矣無何而士卒不戰城門不閉畔且風雀驚矣于是燕之父老子弟相聚而謀曰自我召公棠蔭以來一並而起視宗廟宗廟幾失祧矣起視重器重器幾失守矣蓋岌岌乎懼召公之不血食也勢處矣可柰何盡返而修我簞壺返而治我壺抑燕之士民黎庶走相告語曰今自子之肆亂以來使我不得朝負耒而饘於斯使我不得夕抱甕而飲於斯蓋惻惻乎痛恨子之之不悛惡也事迫矣可柰何盡返而潔吾食盡返而馨吾漿祇見熙熙然盛食于簞者趾相錯也試詰之曰爾何執乎則皆提筐以告曰簞食抑見穰穰然載漿于壺者踵相接也為問之曰爾何

而○楫○高○乎○

簞食壺漿

施遇文

惟民有情見乎物矣夫簞食壺漿物之微者也燕民而具此夫豈無情哉且夫征伐之道未觀天意先察人情人情者天意之所屬也故有時不為捍禦之方而若同于筐篚之計則即其備物以陳令人思其故而殊不可料也（九○羨○逝○水○火○句○）今王之伐燕燕勢相敵也力相當也使此日之燕民而有親上之心則冒危難而不避經險阻而不恤經塲之間而干戈是事者有之（識○整○簞○壺○）抑此日之燕民而有効死之義則備芻糧以為資蓄倉廪以為用攻守之際而儲積是謀者有之（溯○定○食○漿○）乃起視燕民則大不然（起勢突兀○）但見有食也而簞焉有漿也而壺焉宗廟之安危視于此日矣屬在

臣子亦宜食不甘味以明吾心之所自盡維彼口腹之需獨何心而及此乎而自據民視之一若爲目前之所甚急外此欲求一策而不得也哉潔爾簞載治爾壺一時之提携道左者何欣欣然而不辭瘁也社稷之存亡係于此時矣念及顛沛猶當寢饋不忘以示吾恥之必欲雪維彼飲食之資亦何暇而爲此乎而自據民視之一若爲當境之所甚切外此欲進一謀而不能也愛備乃食麦具乃粱一時之奔走戎行者何紛紛然而不憚煩也以祖宗德澤在人倘能轉禍爲福則興日之奉黍稷薦醴命有期也一旦而草野無青憫鮮犧牲之待懸磬在室幸協饑渴之充在燕王寒心猶立應然不解其何故抑室

家傒聚有年倘能反亂爲治則此日之朝饔夕飧且不頓也一旦而

只是本題字樣南出以好詞便覺雄深生色誰謂文章不在句耶

簞揚未空偏欲向南箕而訴酒漿可挹更將對北斗而呼吾王登車遠眺應亦不識其何爲而然民則私自喜曰我將以迎王師也哉

且望王之有以慰我也而王則何如哉

題字直走下文作者偏按正理襯出題來令人有不解此中之故不獨文瀾開拓而下文避水火意已盡情托出矣而高視闊步中猶能不失語氣可謂善于設色精于扣題運其點染風華固不待言

簞食壺漿

于學院歲入晉江學十八名　曾朝陽　孫華

食漿胥繼于道而民情大可念矣夫食也漿也民所自為計也乃持此於伐國之日民獨何心哉蓋聞王者之於民也嘗有憂其饑渴而無所控告者于是乎取殘伐暴而使之群安于飲食乃不意當干戈搶攘之日君未聞謀民之飲食而民若轉憂君之饑渴此其望君之情何如者如王以萬乘之國伐燕萬乘之國斯時也輕卒長驅于前而餱糧胥繼于後豈曰庚癸有呼而必藉粒食于敵國銳兵乘勝而集而供具亦因以至豈曰佐食無資而必挹酒漿于仇邦第見斯時之民有持簞食而來者夫婦子饁耕民嘗以此媚田畯之喜此亦燕

事之時則然也而茲欲何為乎勁敵在前不無頭慮使燕民而果不忘君父則藏此朝食正宜為備禦之策胡為乎棄甲兵而勤餉饋有如此者更有携壺漿而至者夫躋堂稱觥民嘗以此祝一人之慶此亦安寧之日則然也而茲果何事乎強寇方深莫可奈何使燕民而果念及家國則征繕固圉正宜為自全之計胡為乎舍戎衣而思供給有如此者二簋不供民未嘗不念其父兄半菽不飽民未嘗不念其子弟乃茲之左提右挈奔走不遑若何以非為親之奉而亦若是之殷勤有酒湑我民以此而速我諸父無酒酤我民以此而速我諸舅乃茲之我負子戴歡呼恐後者何以非親戚之燕而亦若恩之纏

欵懸磬在室饔飧之憂方深乃食與漿絡繹于爭戰之地則觴酒豆羹而單野之精誠以献糗糧不具待哺之情何殷乃食與漿交集于征伐之日則疏食菜羹而閭閻之顒望以深民之所以迎王師者亦惟為避水火計耳王果何以慰其情哉

于學院大師相原評

一載首篇

第三十五冊　卷一〇五

依原圈點　于學院歲試重進晉江第四場推拾號鄭拭賡士

簞食壺漿

物有盛于器者非燕民之所得私也夫食盛于簞漿盛于壺皆伐國者之所必需也而豈為燕民之所得私哉嘗思食以養陰飲以養陽凡匪居無事者皆缺一不可況軍行師從而可勿有備無患乎然曠日持久自備焉恒多不足古來伐國者之所以將去而歸也而今日齊之伐燕顧何如者夫計甸而出粟計口而授糧皆伐國者之所有事也然臣嘗觀于城濮之戰晉師三日穀館楚軍而資其用焉似乎裹餱糧備水漿以跋涉山川者之猶爲多事也而要未可以一概論夫鄉黨鄰合必無廢飯食之有裨于人也久矣

賢允之衆豈無飢者之弗食而橐饘以行者何偏未嘗齎也抑
領題警峭
清滌清酌皆得為飲漿之難缺于供也甚矣覩雲中之民寧無渴
者之待飲而酒醴維醹者何其不絶于道也其為七之粺歟其為
語諧而莊
九之鑿歟均未可知第既盛之于簞想能不火而食也設釋甲列
坐寧不式食庶幾歟其為水泉之馨歟其為火齊之得歟俱未可
知而既盛之于壺亦云旨而且多也設河上逍遙寧不式飲庶幾
歟雖未必有筐篚之貢而億兆之精意已畢獻于饔飧之際縱越
雅鍊
國以鄙遠亦庶免持三日糧即未必有行李之供而草野之脂膏
已隱寄于清酒之內豈師勞而力竭無暇計三爵不識簞之外有

壺壺之外有簞干戈擾攘之會忽變為觴酒豆肉之風而一簞一

五鼓

壺可靜殺機一食有漿而食可下咽漿有食而酒不及亂飲食若流

之時詎意有籩豆靜嘉之象而為食為漿庶無鬪志一覩其以迎王

師而燕民之望救不已急哉

鄉地有金

于學院老夫子原評

截首篇

簞食壺漿

鄭肇楨

即至微之物若可以觀民情焉夫簞食壺漿固物之至微者然少見伐之時而具此物寧無故也哉且夫盤飧之饋晉文以此見德樽酒之薄趙國以此被兵若是乎食與漿之為物雖微而所關甚重也況當危困之時疇不思自饜其朝夕而顧忍輕視其所有也乎乃若燕民可異焉夫以齊萬乘之國伐燕萬乘之國則地醜勢齊兵均力敵齊非强大于燕燕非弱小于齊也車運馬輸而來燕也亦可峙乃芻茭而待之齊也秣馬蓐食而至燕也亦可鼓其士衆而從之如是則齊何能遽勝夫燕而燕亦何至遂見敗於齊

歲進泉州府學第六名　泉州府

歲進泉州府學第六名

義而何燕人之不稱爾干比爾戈而乃修其簞潔其壺也而何燕人之不執鞭弭屬櫜鞬而乃備饋食具酒漿也噫異矣燕人之簞食燕人所以自為謀生之計也燕人之壺漿燕人所以自為養身之資也乃自予噲讓國以來民間之儲蓄罄于征輸國內之生靈受夫飢渴罹之人已不能易有簞食矣已不能易有壺漿矣則燕人之需此簞食壺漿也必急即燕人自為謀生之計固不止在于簞食也燕人自為養身之資固不止於壺漿也然自予之誹政而後給軍需者竭囷倉而弛索困獻納者求一飽而無時燕之民已簞食之不可得矣已壺漿之不可得矣則燕人之愛此簞食壺

漿也必甚需之急則求之力未有簞食必思其何以有簞食也未有壺漿必思其何以有壺漿也夫物以適當其用爲重耳燕人之有此簞食壺漿非適當見用之時耶而燕人寧独不之重耶一愛之甚則吝之至我有簞食必欲其長有此簞食也我有壺漿必欲其長有此壺漿也夫物以独私其有爲快耳燕人之視此簞食壺漿非所願獨有之物耶而燕人何能專之私耶危哉燕之僅有簞食壺漿也夫紅腐足支十年則覬覦者方憚其有備若祇此食漿而燕將何恃以老齊乎然幸哉燕之猶有簞食壺漿也夫枵腹而呼庾癸則窺覦者必乘其餒飢於有此食漿而燕固可恃以拒齊矣

但燕人固其保聚。而時出輕兵以邀齊之輜重。則千里饋糧士有飢色。樵蘇後爨。師不宿飽。齊其如燕何哉。而孰意燕民之不爾也。昔武王伐殷。其小人簞食壺漿以迎。今齊之伐燕。亦然。王其務為拯溺救焚之仁。而勿為載胥及溺玉石俱焚之酷也。則可以取燕而無後患矣。

不事鉛華 自饒雋雅

顏淵曰回雖不敏請事斯語矣　　周學健

勇於任道健法天也夫惟有毅力而後可以勝重任回之請事不疑非其以天自處者哉盖人必深明乎巳分之至斯天下無可以相諉而自信其得力之處則吾身無能以相諉故顏淵一聞子言而遂奮然也曰回也而乃今得聞斯語乎一心判存亡其机决於在我一息分離合其權操於反身回敢自謂不能而遜巳哉則即吾視聽言動者思之理無刻不流於吾心終身之所依皆起念之所積也而操存敢間於須臾一仁無息不行於天下禮之所自秉卯巳之所自伏也而省驗敢忽於幾希才分即不可強顏勇往之際

（破老）（一起清老）（高唱而入）（精彩紅豁）（講不盡）

豫章書院會課一名

實善

必無氣禀寧弃以之自限智力即遠不遠顧天德之中何問生質

方是顏子身分

豈宜以之自棄則請奉仁以為宅而惟冀其不出豈冀其或入也力所不及持者強思所以持之則請履仁以為歸而求安其故豈求即其新也意所必欲致者勉期所為致之敢謂矜持難言誠心有所軼雖極聰明不力之雄莫能爭勝於消長而一絕弗續於仁不已危乎回自顧存放之數即未可知而內藏弗深則偶向而旋背方於此乎多也請密其幾而已矣敢言遙渺莫必誠中無所據則止此克伐怨欲之行猶將不測其起伏而一發莫禁其仁不愈微乎回自問賓主之辨誠弗敢渝而外境不制則暫息而常遊方

二比字字警策意致沉酣沌乎書卷氣味

於此乎分也請周其數而已矣竭吾才以自矢而功不容於旁貸任吾重以致遠而力不惰於半途不然夫子之數具在而回竟以不敏謝也回則愧矣如斯語何

沉鬱英健精理充周神光煥發渾然元氣流行　原評

顏淵問仁　全章　王思訓

以克復言仁大賢之自任深矣夫仁在禮克己以復之詳其目微顏子孰能任哉且與未達一間者言仁非漸焉以俟後起也決其功于本原之地斯一發而無餘事矣顏淵問仁子曰仁一也持吾仁者有己協吾仁者有禮其機在倚伏之間其辨在幾微之介出此入彼其分途也危閑邪存誠其為道也大非克而復之不可一靜以養其無欲之體必主敬而誠一神明嚴毅萬物不敢肆其撓我之權而吾心之流行必秩然不失其度德之在我者全矣動以防其嗜欲之萌必精明而強固道心常主無處可以容人心之雜而

（問仁未知先後[illegible]太早）

（渾厚古會元氣[illegible]）

（動靜兩義包括）

（註疏中精語）

吾性之範圍更遵循而不踰其常天之予我者合矣以是為仁衆（士落皆）
理得其歸（有見氣）懷萬物親為一體善雖大同于人功實約操于己顏淵
能不請其目哉子曰仁以踐形也形還足以閒仁禮為物則也物（文境寬然有餘）
毋易于違禮蓋人不能離心思耳目而適于虛無一念偶偏即外（故與與無不同）
當然之矩明以審之慎其內以應其外而俯仰皆密人當由肅乂
哲謀以致其敬畏一息少寬即乘自然之法健以決之制其外以（明健用一在四勿上方）
安其內而形神俱正視聽言動謹其非禮克復在斯為仁在斯請（切他人手字復句便）
事斯語知之明任之勇回誠一發而無餘事也乎功探本原机惟
剛斷三月不違其得夫子之教深矣

氣味深厚局度安閒直追名元手法反覆細玩與鄧文潔生財

篇相伯仲也湯懋菴

克復只做一層說正對顏子而言雖下視聽言動但就動處講

而用不離躰則補主敬在先卓有把操制外守中發明程子之

意亦透文華粹果亦有烈火不可犯之色

顏淵問　王

顏淵問仁　三章

一歲覈惠安學一等一名　何中立

序列論仁之說各如其人之分量而已夫顏淵仲弓司馬牛其分量固不同矣夫子與之論仁而各有別也有以大且聖門有教欲學者盡全夫仁其大概也（入手高淡）第仁之盡也人無異貴而其所以盡之也亦不同科故教亦因之不一焉[illegible]有之無不各得惟論仁者之無不曲當焉已矣（鴻七春空雲）吾黨之材顏淵者[illegible]稍次司馬牛又不逮焉或疑鼓舞造就出自一轍之當自問仁始也胡爲而有二三其說乎蓋仁道之大可以分途而並進碩至人因材之語亦不得不同等而異語也今將于志氣清明之候而渥之銖積寸累以幾夫仁是大叩而

小鳴者誠歟乎使人繼志之用今將率入域未優之士而與之任重致遠以幾夫仁是欲速而不達者實違乎陡止自邇之方乃夫子則安有是乎予若曰問仁者同耶克復功效機括争寸心之剎視聽言動條理絕非幾之乘維時顏淵喟然夫子之明示也此一說也至告仲弓則曰主敬行恕暴顯淡之分為邦為家體驗徵矣維時仲弓亦般然夫子之昭示也又一說也至告司馬牛則曰訒于言者存心之象也為之難者存心之實也維時司馬牛應無復疑訒言之未盡仁也此又一說也故說不拘於一成未嘗欲標其異而士能積乎日至自然克要其同誠顏淵則戦天人而能勝取徑捷而不迂矣即如

次鄭高

三以點

老

仲弓消磨既久，情矜可期，途雖紆而必及也。即如司馬牛寡辭無躁

木葉微脫

存主漸充，德未完而必葆也。庶此三者見聖人論仁之說各有所當

焉。而凡以仁為教者，其可類推也夫。

極淡極高，絕無經營之迹

顏淵問　何

顏淵問仁　全章　　汪份

以復禮為仁、當於非禮克之也、夫非禮克而禮斯復矣、視聽言動、其目也、微顏子孰能引為己任哉、且禮儀三百、威儀三千、無一物之非（用張子語恰合）仁也、夫禮本由仁以出、而為仁者每為非禮所累、故夫子教人、必曰（提出非禮）約之以禮、蓋使之去其非禮、以全乎禮也、去其非禮、以全乎禮、則仁（借此句）矣、雖然、吾夫子以約禮垂訓、而獨心不違仁之顏淵、則曰約我以禮（飛騰而入挈起全勢）一若禮之專為己授、為引為己任者何也、則以克己復禮之論、夫子（申非禮）（打通為仁由己）因因其問仁而告之也、夫己者即非禮之謂也、從己身之所本無也（字反天下字）是天下之所共甚也、蓋世未有己之不克而禮能復者、亦未有己之

癸未科大題文選

論語

畏克而禮不復消非禮之與禮勢不並存機不中立此己之所以當（○于○傳○害○處○）克也且夫所謂克己云者固非強為防遏而徒使私意之不行也道（○畏○于○仲○弓○處○）在深探其原本而纖悉之必除又非謹自持守而以俟妄念之漸消也道在奮迅以修為而非幾之立去夫如是庶幾哉事事皆禮而無（○中○非○禮）一事之非禮矣此其收効固極之天下而其圖功則決之一己也其（○就○形○色○天○性○）所以極之天下者則以仁固天下所共有之仁也彼夫天下之人其（○舉○目○入○視○聽○言○動○）形色皆為性天之所寓而每難於自踐其理故均之耳目而天下自顧其視聽而弗如仁者也均之口體而天下自顧其言動而弗如仁（○收○復○禮○）者也蓋天下雖大孰與莫不自禮而翕然共服而已矣其所以決之

一已者實以仁固一己所當盡之仁也且夫一己之身其神明易為（就先立大體而小者不能奪）

（奪意引入視聽言動）形器所奪而決難以求助於人故各有耳目而不能借人之視聽以

為己之視聽也各有口體而不能借人之言動以為己之言動也蓋

仁者無他惟是審其非禮而返而自修而已矣故其克之于勿視也（起非禮）

由己而不由人其克之於勿聽也由己而不由人其克之于勿言勿

動也亦由己而不由人此所謂克己之目也知其所不當為則知其（數目字）

（蒙引言非禮勿視克己也非禮勿視則所視皆是克己外道有）

所當為不言復禮而復禮自在其中矣天下歸仁豈外是乎淵曰請

（復禮乃聖人只說非禮勿視非訣了復禮意也）

事斯語云者所謂竭吾才而不能蘇者也然夫如有所立卓爾淵蓋

（筆之補點倒點）

至此而果能一日克己復禮矣夫為方且而從從私意之不行間

應是前二

及非禮之念猶不免潛藏隱伏於其中也此原憲之所以僅可謂為

朱子謂敬恕則猶未深在

難也謹自持守而以欲妄念之漸消則是非禮之端尚不能勇猛決

這裏未能除他正方欲在

去於一旦也此仲子之所以未遂為無欲也克己復禮為仁誠非顏

結案

子不能引為己任於夫子曰約之以禮而顏淵曰約我以禮也

貫穿四書旨趣縱横出之皆成妙諦非道理爛熟之後不能引

約禮作証夫人能道從約我以禮一語得閒挈起請事意逆入首

節則匠心獨出矣請莫己處借原憲仲弓相形體認既真且即見

非顏子不能請事意中閒說天下歸仁及為仁由己穿出視聽言

動其四句俱在下節中點出提局滚成一片用意又根柢于形色

天性及此先立大者二章。尤非淺學所知也。○中節題句。俱從下節

補點出來。是步步倒點。奇甚。○前半處處穿入非禮

顏淵問

汪三

顏淵問仁 一節　宋衡 名十四

與大賢言仁而示以治心之全量焉夫克己復禮仁之實功全乎治心之事也效在天下而機在一己非顏子曷足語此哉且聖門之學莫要於求仁而惟內力既優者可純其心以大將守之功致無間者以仁不息者理也放之而曠然通于萬類收之而淵然存于吾心斯仁之全量著已昔顏淵以仁問殆有志純仁之學與子曰仁也者無私之至與天為體者也為仁也者法天自强任重遠而勵躬修者也見之明者理無取乎他端守之定者功不需乎積漸而總之克己復禮焉盡之吾心靜存之然萬物本無勝我之權而緣感而來者覺為形體之便則已也靜存者所宜持之以斷其克之而吾身之至頭於

藴然亍度也則吾心之至微者即純然無疵也禮存斯仁存己吾以
勤應之中外誘皆有撓我之力所緣情而起者有與為親切之私則
己也勤應者所宜制之以勇矣克之而吾身之至實者秩然就範也
則吾心之至仁者即粹然不襍也禮至斯仁至己為仁之道莫大乎
是〻所難者難此克復之一日耳如一日者毅然克焉即毅然復焉
元心所以與天地為運量也一克而天下共服其克焉一復而天下
共服其復焉吾仁所以與萬物相感通也一日克己復禮天下歸仁
其敎斷〻如是〻故為仁者厥有機焉仁之資乎省察者生于明〻
生于己出己之至明以審幾坐照者不患其或蔽也由一念之清明
引之念〻而不昧自能斷所本無精所固有而敢外托以自寬欲仁

顏淵問仁 一節　孫勤

以克復言仁驗所歸而見其為之易焉蓋克復而不謂之仁則必天
下之所歸以仁者不于克復之日而後可也然則仁亦由己為之而
己其又何難乎且仁道之在天下人皆得致焉者也但未知所以
謂之仁者而泛以求之則雖自許以為仁矣而其仁卒非天下之所
題○中○尚○折○罰○來○難○為○離○恰○
許是即日求助于天下以庶幾于能為而其難倍甚也聖門如顏淵
而問仁是其不違之心所從見端而不遠之復疏自托始乎子曰人
心之仁不仁本無所容其間也去其不仁而仁存矣乃人心之仁人
仁又自有其間也去其不仁而存其仁而仁無不存矣不仁以己為

藐貴在有以克之仁以禮為依貴在有以復之一凡人未有誠體其己者其心亦識己之非仁而恒畏之而不能攻是己先入而為之主也而竟若其體之也克之而後知曩之迹似乎護惜而實安于因循者之急宜自矯己一人亦未有誠忘其禮者其心固知禮之即仁而恒倦焉而不思返故禮日去而無可持也而竟若其忘之也復焉而後知前之行近于無文而情失于有所求之當知所悔己故夫克復之為仁斷如也如使克己復禮而不謂之仁則是天下之所謂仁者將在不克不復之人而不在既克既復之人而豈其有是哉試以克復之日徵之天下之歸夫亦信仁之可為而為仁者之不必欲難于其間

克己復礼不宜分

勝

清思窮上

隨鎮隨渡欸洽之甚

也吾有所欲為而權弗屬則以俟有權者之為而其為之也我無功其不為也我無過若夫仁不仁我居之則為不為我任之而豈權之他屬也哉吾有所必為而勢不逮則顧附乘勢者之為而其為之也我因為功其不為也我與有過焉哉仁不仁我獨居之則為不為我獨任之而豈勢之未逮也哉為仁由己而不由人則信乎克復以致天下之歸者誠非所難也淵所以遽請其目也

明快似蘇幽折似王叢嘗謂主旋風氣頗有斯人今益自喜其言之不妄也雖不喜以効與機對發之二股此篇可以為法

○○顏淵問仁　一節　許獬

聖人語大賢以仁為之已而已夫已非二也克之而為仁者即由之而為仁者人宜早自決矣此語仁而至於本原之地其境甚真而非遠也而亦惟其真也故難覓功甚約而非煩也而亦惟其約也故難（見○所○當○後○）操聖門獨顏淵可以語此故夫子告之曰子欲為仁乎人心本無所馳逐也胡為乎有所馳逐而不止亦曰已固欲之則不得不恣之（見○當○克○己○目○由○己○）本無所蔽錮也胡為乎有所蔽錮而不開亦曰已固有之則不得不讓（應重、語、克、復、句、并○重發克字○）之於是乎視人則明視己則暗而當其暗也雖天理在前井井易辨而不知哉一克之而當有躍然呈者矣繩人則察繩己則疎而[illegible]

渫也雖天理背馳浸浸之漸盡而不覺試一尅之而當有惺然露

禮不後乎仁不全乎天下之言仁者不我歸乎其後以一日也則精（常常侍伺）

神之所攝持定也而人人同具此精神原不相間隔其歸以一日也（起下）

則精神之所感召速也而人人各具一精神原不相假借即云自視

（挽前責力）者不明也亦烏有已不自視而人能代之者者即云自絕者不容也（備上）

亦烏有已不自絕而人能代之修者吾以為仁惟有已而已以有已

（關形交勢自責）之心而妄用之則凡百攻取凡百誘慕皆見為吾身中不可無之性

情而毫不可解以有已之心而善用之則凡百斧藻凡百濯磨皆見

為吾身中不可無之學力而確不可分故已非即私也以其私由已

而起政即已謂之私而後除者必淨亦非即仁也以其仁由己而成
故即已謂之仁而負荷者必力人能知己乎則知仁矣
前後血脉融通中間筋節調適尤妙處在題寔而文鬆題深而文
淺題板而文活題腐而文鮮 楊朗仲
理境清澈文思翔舞按大全克己之己未是對人物言只是對
公字說猶曰私耳篇中竟將人己作對待字而尚有未安

顏淵問

顏淵問仁　一章

館課一名　張伯謨

與大賢論仁，而務盡天德之純焉。蓋仁天德也，克己復禮而天全矣。藉非顏子，孰克以為己任而不辭哉。今夫惟萬理具備者能純乎天而不忝以人，而一問未幾，則必人心滌而後天心見，理取諸身，而洎其幾要於內，而無難也。蓋相忝之數判之既精，而自勝之幾，決之彌迅，惟自盡以完其初體，有不待計而決者矣。夫天以仁予人，而人欲全天德，安所從事，而遂紬粹以精哉。非靜忝交戰之機，則難語精明，孰判微茫之介，非力策獨復之氣，則未聞震厲孰淬堅決之功。惟顏淵者其於仁也，有以窺見其大，而不難力詰其識者也子曰克己復禮為仁天〔有識〕德全功將在是矣夫天而具淵體自渾全而無缺而强以相附者易濟其初惟知其〔堅〕顯〔千〕與為敵而拒之彌嚴則己累不清而真源自微將去所本無皆為還所固有矣體天而全精心亦周流而無息而漸與為緣者易間其機惟知其隱以相迎而儲之彌真則欲念不參而天則可踐凝導以新機皆為逢其敵我矣夫仁〔落丁一片純以神行〕非專己而守獨也擴其量則無勦該險隔同原默喻於體信達順之故則有功决一日而效極天下者且仁無帝賚而分責也課其功則有獨至危微獨凜深彌於瞬存息養之交則有功繇自己而任匪由人者審是以為仁將奪遏既至而心

性皆融由外而捘者悉化雜揉之數由中而忘者自得渾逆之天
誤誠而致行之匪異人任矣此顏子所為直請其目而并以視聽
言動杜其非禮為克己之方也夫秉靈（照註顛撲不破）照之神則默證微參豈徇
有大閑之踰得遁其鑑所慮者疑似易淆耳而炯然在中則外至
雖紛不紛澄徹之神明淵衷有主而感至無權豈或迷於所往也
而撲健決之方則神動天隨寧復有顯越之舉或仍其咎所慮者
因循（入細）滋患耳而毅然自懋則雜揉難攖不攖果確之請力修能自
堅而非幾莫貢寧或少有所軼也一由是以克復將人既盡而天以
全矣惟時顏子審理欲之分途難容並域知閑存之猶至宜有專

功道在察幾而精明自濟諸由致決而強固獨深請事斯語所謂以乾健之能全天德之粹者微斯人其誰與歸

范流浦師原評

此章層次最多上節有四段下節有三段段段各有寔義既須說得清楚又須說得聯絡不得凌獵亦不得闘斷極難渾成一片聖人不輕言仁答諸弟子問仁皆就一偏處說以各指其病而藥之也惟顏子本木無疵其天資純粹克己復禮乃告之以為仁之全功他人固不足以語此天下歸仁止言其效為仁由己乃特決其幾下節四勿字是切指下手之目蓋[illegible]

仁是在博文以後此正約之以禮功夫故一聞夫子之言不復有疑於理欲之心而直請其目及聞其曰而一力承當何等斷截凡此皆題中之節次也然行文不得其要領處但既段節節而爲之安得六轡在手乎當知題中克己二字是大主腦仁本吾心之全德自有己私而遂失其所以爲仁唯克去其私而仁自復所謂克得一分己便復得一分禮也禮有未復即是己有未克故克己最重無己便與物歸於大同無己方於己認得親切下四勿字所以制外物之誘正所以防己私之生而克己即於復禮上見此正見克己復禮非有二事也如此說去上下自

成一串看得融洽而分明矣大段須理會顏子紅爐一點雪意而其中字字各有精義又須極說得細密若作變局即以禮字串亦無不可蓋復禮禮字即約我以禮之禮但須說得回斡完全耳此作講下已將顏子身分說透還上下截處隨題抛節不落衣支自覺深人無淺語也

顏淵問仁　全章

館課一名　陳化龍

亦大賢以法天之學即其目亦非他人所得聞也夫仁之道大矣克己復禮純其功於無間而其自可舉微顏子曷克與於斯歟昔顏子以幾於無我之學未達一間幾盡此其於天人性命之理蓋幾辨晳無餘矣一日者請問為仁非猶夫人之問仁也而子則告之以為仁之全功亦非猶夫答他人之問仁者於是子之語之者既詳而顏子之自任也亦力有迥異乎諸弟子之問仁者今夫仁也者天理之渾全而人心於焉退聽者也一私不襍之內萬善聚焉凜之宥密者危疑爭絕續之交斯近諸精者矩度有周旋之

此題[illegible]得此洗刷一番方稱可謂老氣橫九州

提得完全

二比氣局大佳

中也一息無間之中萬感渾原功殫於密省纖屑持戰勝之力即理藏於微者性情協天則之符也若然則克己復禮詎非為仁之極功哉誠法天運以自强而無我之盡適肖乎生物之初則以理（精氣圓結）愜心即萬物之隱微已愜苟體夫行而不息而一間之違悉還乎固有之良則以心謀理將當局之旁貸誰謀此其效甚速而至大（切題子好）其機在我而無難夫子於此蓋寔有見夫深潛純粹之品其所造為已深則以此日鞭策之勤直進夫三月不違之詣又寔有見夫服膺弗失之衷其程功為較銳則以當前刻勵之深顧勤其如愚足發之念而顏淵固已恍然後直請其目宜其決於從事與且夫（出）

已何以克禮何以復又豈越於視聽言動之際哉束官骸於矩矱（落如風來水上自然成文）即累心之疚惡潛袪寂感而猝不及持則潰而出者即潰而入防（看得細方合）維之跡失不在大耳百體從而天君常泰且明所以絕戲渝之緣也凜日用之範圍覺當躬之愉快絕少倏忽而逝不及追則旋為操者轉旋為舍閑存之察正不在遠耳戒慎至而酬酢罔愆涵養（神恬氣靜）所以固靜專之體也勿視勿聽勿言勿動此四者明以察幾而靈明不憂其或蔽健以致決即纖慝豈得以相蒙從事斯語而為仁之全功不外是矣子所以獨為淵告哉以知健而運行者循環無（線到底思力不懈）端通復總歸元始強而不息者流行無間來復已見天心著其效（收得）

而發其機且並詳其目焉課功於一日天德全而仁道備矣此法天之學也

范浣浦師原評

跟定乾道見解不落第二層一講已據建瓴之勢以下關節開解理足詞充理題中橫絕之作

○○○顏淵問仁　二章

錢邑尊李考莆田縣學超等一名　黃淼

語兩賢以事仁者不同、而心法一矣、夫仁心德也、語回以克復、語雍以敬恕、二子皆請事焉、不同一心法哉、止心純乎理而無欲之謂仁○顏欲之累心也○有剛果而直勝之○法○有積漸而持養之○法○各隨○其○請○力○之○所○近○而○皆○直○任○而○不○辭○則○其○心○法○一也○所謂剛果而直勝之者○子之語顏淵以克己復禮者是○所謂積漸而持養之者○子之語仲弓以主敬行恕者是○夫仁、一而已○則事仁亦一而已○子之語二子也有殊理○而二子之請事也又有殊功哉○此其旨可叅知○蓋回也天姿明健○理之數多○欲之數少○一掃除其纖翳而體自極聰明克己復禮真回事也效在天下功由一己即視聽言動之非禮決以勝之果而確（恰當如天造地設）無難焉而寧不奮然請事乎雍也賦質重厚明不如回健不如回必內外之交持而天心漸以來復主敬行恕真雍事也于己無悶于人無拂即在邦在家之無怨返而驗之直以方（好對仗）無不利焉而寧不然然請事乎而吾知聖人論仁因材為教也克復利（對勤有法而筆尤勁峭）用引自勝者強敬恕利用恆交修乃篤剛克柔克所以進二子者其機微而吾知二子體仁有當無讓也事克復者奮之以決而一私不留事敬恕者積之以漸而元氣常固復（奇）焉執焉所以（字字歸當）承聖教者其任重故語回者非輕視敬恕也即恕即（理境精湛）

從而周旋中禮安有惰慢邪僻之私雖不言敬恕而敬恕在其中矣其語雍也非難也克復也爲敬爲恕而體用兼該已得[illegible]邪行誠之要雖未及克復而克復可馴致矣又安在邦家無怨者不可至于天下歸仁也哉蓋聖門爲仁心法莫符于斯矣

中尊錢夫子原評

大力搏挽仍絲絲入扣自是文壇飛將

顏淵問

第三十五冊　卷一〇五

○○○顏淵曰請問　一節

宜興文縣尊季考三名　萬晉豐

克己有其目，大賢聞之而毅然矣。蓋己之所秉非一端也，其目在視聽言動之間，而非禮務去焉，淵也聞之，能已於請事哉。且聖賢論仁，非徒統言之而已，必實有見於致力之所在，使物之攖心以相擾者（精悍）可以總其端，而心之緣物以相逐者可以去其累，然後加功有要，曉然知所從事而無難。顏淵問仁，而子告以克己復禮，淵于時聞斯語也，其亦致審乎己與禮之辨，深維乎克與復之關，知天下之歸不我詎，由己之為不我貸，（借伏末句轉出首句）而事於斯語矣乎。然此第言其綱耳，未及其目也，此回之不能已於問也。子曰：克己之目無他，亦在乎聽言動之間而已合之非禮者已之端也視聽言動者非禮之緣也吾心當至靜之時何自有非禮者迨有視有聽而已之在外者遂有間而可入矣（精確）吾不能卻非禮之端使之不來而能慎吾心之守使之不往也出其神明宰其耳目使非禮者不得以亂吾視聽焉而後所視所聽畢協於禮而無違也（纖是上意）吾心當寂然之頃安見有非禮者迨有言有動而已之在內者遂有間而可出矣吾於既言既動之後知為非禮而悔之不若於未言未動之先見為非禮而絕之也用其全力制其形聲使非禮者不得以淆吾言動焉而後有言有動各當於禮而不渝也夫子語回以克己之目如此非有審幾之哲者不能事斯語也持一

禮以為衡而物感之来其是禮非禮何難當幾立辨而有不能辨者
力争于毫釐之間
以非之常亂于是也苟無審幾之識為之致審於疑似洞晰於紛紜
而是非之介必茫然而未有所决安在其能實體斯語矣抑非有堅
請斯不
决之力者不能事斯語也抉一禮以為歸而意念之發其是禮非禮
從非禮處下工夫無一語浮泛
何難取懷立斷而有不能斷者以是之不勝乎非也苟無堅決之力
為之慎持于未萌剛制於既感而是非之交必靡然而無以自主安
在其能不負斯語矣若回則識足以審幾者也力足以堅決者也一
聞克復之目而慨然請曰回雖不敏請事斯語矣直致其克復之力
而因以還吾本體之仁也所以三月無違而不失為不遠之復也歟

識精而氣足。才雄而深密。此千人亦見之技。原批

詞理的確從細心體認得來。其才力所至。故當無深不鏡。然隱不

地。

顏淵問仁　全章

館課三名　葉聲遠

聖人以克復言仁詳其目而知所從事矣夫克己復禮仁之道綦大矣知為仁之由己能不於非禮嚴之哉回蓋力任之而不辭耳

一起如鵞王吸乳

嘗謂人心與天心有相為倚伏之端而從事於仁者所當鼓余勇而大為之防也蓋吾心有一息之不仁不可以為仁吾身有一事之不仁亦不可以為仁其性量通之天下之大其功能約之一己

盛氣磅礴

之微而聖賢之相與勉勵者功有專致而責無旁貸耳何則天

總提氣魄雄大

我以至仁之心必使吾心之內一私不留萬理悉備而後能以戰勝之權隱以持夫存亡消長之機天生我以至仁之身必使吾身

之用外不妄乘內不妄出而後能以存遏之功嚴以謝夫往来憧
擾之私故子於顏淵之問仁而以仁道之大者告之曰克己復禮
（頗上添庵）
且為之極其效於天下歸仁決其機於為仁由己繼子遂若言
（勘理極細）
不盡也夫理欲之乘除也學者用以審来復之機而克之難者翻
覺復之易已若人心之退聽禮有天則之可循仁在我天下之不
（得歸胡傳大之氣）
能外乎仁者即不能外我之仁形骸隔而性命通也為在己斯人
之不能代乎己者即不能代我之為刻勵至而功力專也從天理
人欲之介為之亡指駁心性之源廓私欲淨而天德全矣固於回
（竟作兩對老氣）（裁對好）
之問其目而以克復之功告之曰非禮且為之嚴勿視勿聽以制

外謹勿言勿動以養中維四亦遂任之不辭矣夫檢身之不及也
（綜○餘○闕○位）
儒者因以嚴匪僻之介而辨其非者乃以得所是視聽不錮其聰
明言動毋傷於苟簡仁在我心已之自外至者一以勿視勿聽絕
之外緣淨而天君泰也仁在我凡已之自內生者一以勿言勿動
禁之內念澄而外感靜也從酬應紛紜之會為之力遏其人欲之
微瘢是非辨而朋從絕矣是知心性之道不徹其原不足與語人
道危微之辨克復之旨其即精一之傳乎一日難竟其功百年
（精○理○確○辨）（警○湛）
竟其責則即其運量之神方寸之地有六合在宥之形而要以審
機必赴者為性淨見天之會邁往之氣不極其微不足與領精積

力行之意非禮之規其即一貫之學乎耳治目治以養其心為法為則俾彌爾性則即其非幾之貢身世之交有睹長潛滋之累而要以明健不屈者為去私存理之資而事斯語顏氏之子其庶幾乎

范浣浦師原評

成竹在胸大氣為之鼓盪理題不易得也通體對發到底變而無礙於正可謂名士風流

顏淵問仁　全章　韓菼

即為仁者言仁，克其非禮而已。夫己之違仁甚微，而視聽言動間可槩之，克以為復，始為淵詳言事仁者以識仁乎。今夫仁無可名也，寔致其為仁之功，而仁見矣。為仁亦非有岐也，力絕乎不仁之微，而為仁之盡矣。夫功深於仁者，豈必有大遠於仁，而惟於吾身之於視不容己者操之便側，無以異吾心，則亦無從而不得寔請之功焉。顏淵問仁，始將來所為仁者而從事己乎。子曰：靜觀吾心何在，而非仁，而何以若或蔽之也。出觀天下紛自而有不仁，而何以為或受之也，則紛紛有己存乎為物本無塊乎之機，而與之為難者此己也，此計之須以思勝矣。克之而以身視聽異動閑者何物乎，而即有貴然其來會者何心乎？禮也，而仁

者矣吾心一當嗜好之來目眾紛而安焉以爲己也以蹊甚宜以剝割
矣克之而即有入而守乎中者何境乎而即有安而洽於中者何心乎
復也而爲仁在是矣而以此幾一日之閒而量廓天下之大徵應雖有
反人之欲察遠觀聽務一己之境則克之復之之宜自有也而淵安得
不並求其目也夫子曰己何在也己久何往不在也視聽非己乎言動
將己是己可克也視聽言動何以克也非禮之視聽不可克乎非禮之
言動不可克乎心之忽然而應者原不馳騖而禮則可循得其可循者
而何不可據也故以爲己生而禮始淪不知禮云而己嫌盈而過欲以
爲功者原無外理以制之之說境之與之爲勢者久則參端而非禮則
一箴其室一者而久可治矣故可以無治乎視聽言動之順久可嘗

淪乎視聽言動之先而本心以爲坊者原無逐物以與之之勞如是則無失視聽言動之本然矣於此可識仁焉亦無褻視聽言動之肆應矣於此即可識歸仁焉而其功則由己淵所以得其目而承請事也然則仁不易求也而求之禮禮不易持也而持之非禮非禮名不易絕也而絕之于視聽言動凡以克己之私甚微而克之功爲甚密也故問仁如淵而必兢兢乎慎此也

筆鋒銛利可以陸斷牛馬水截蛟龍然卻因見理透徹說來自能洞著痛快晉人宋人兩家之席可褒　原評

乾班枝部了不異人即至談理處亦如道家常卻非道家常者可及心見性自具許大神通野禪狸怪頑嚥老僧一大痛棒　楊霞

第三十五冊　卷一〇五

顏淵問為邦　至　樂則韶舞

崇文何　焜星橋

為邦莫大於禮樂四代所宜法也夫邦無禮不立無樂不和為之自有道耳非得淵問焉知四代之宜法哉且夫言治者動曰有為究之為英主則有餘為帝王則不足英主之為以才智帝王之為以中和也三代下求治之人不易得得其人而講明之莫若法帝王所已為以向善其所得為而中和之治可幾焉顏淵於夫子同揄用行之具者也而問為邦其辭謙其志大豈惟是改正朔異器械易服色制樂章求飾治象云爾哉蓋欲慎擇所為使邦以永寧也且夫為邦有二難將馳情於太撓作歷軒轅造車黃帝制冕祝

融作樂謂當抗迹夫皇初宜於古不宜於今而邦不可爲將一任
乎置閏失時衰向陔制鷸冠非法地室懸鐘謂受轉移於風氣合
於今則違於古而邦愈不可爲夫爲邦有至中至正之規焉有盡
善盡美之實焉此淵所以問也子曰治定制禮功成作樂其大端
已禮以時爲大吉得夏時焉才有三而輔相惟人行有五而和令
在木小正一書邦之憲也行之而孟春習舞仲春習樂季春合樂
禮合於天時矣禮以素爲貴吾得殷輅焉司器詳而典路不傳木
工備而與人無致龍旂十乘邦之籌也乘之而鍚聲在頮和聲在
軾鸞聲在旂禮設於地材矣禮以文爲貴吾得周冕焉章十二而

撮之為九。繅二采而藻之以五。弁師五冕。邦之儀也。服之而於郊。六變。於社。八變。於廟。九變。禮。順於鬼神矣。盛禮既修。大樂以興。夫使樂而第習聲容。則豳籥吹諸農事。舞節叶諸交衢。徵角中諧王佩。大小胥皆得奏爾能。若使樂而欲通微渺。則八風何以從律。百度何以得數。五色何以成文。古今人未易臻其極。夫惟韶合后讓。尹諧而共暢。故其舞知天覆地載而難名。簫童子之心動。延陵之嘆。樂如是觀止矣。為邦法此。將見八音諧而玉燭調。九歌敘而鸞和應。五絃揮而聽視尊。天子當陽。諸侯同軌。莫不鼛鼓軒舞。想見垂裳之雅化也。若是者。精之極中和之蘊。蓄廣之酌沿襲之權宜

丙午王晥會稿三刻　論語

分之昭一朝之與齊合之偹百王之法守大禮同節大樂同和百

爲克開鴻邦咸喜顔氏之子其殆庶幾乎

然在以爲字緣督爲經左旋右抽無不如意却筆　正鋒無題

外閒託一語亦無題中呆實一語

顔淵　何

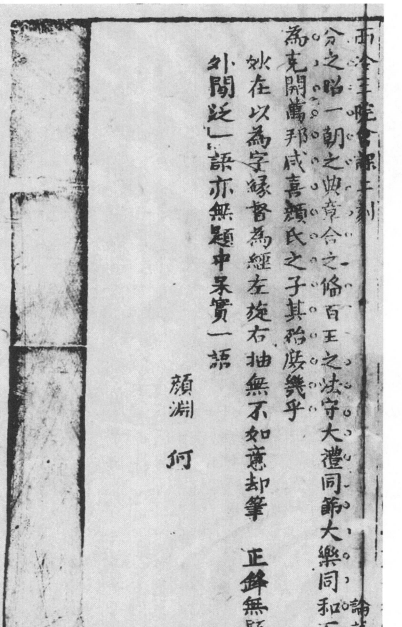

類也聖人之於民

乙未　秦松齡

物以類從，可進而觀聖矣。夫聖非可以物較也，乃物之爲類職如此矣。然則聖人雖異，其能異于凡民之外耶？且尊論列古聖而有不可以班定者，夫聖與聖尚不可以班定，當聖與民轉可以類求乎？雖然，使聖不爲書祿無尚之人，則天之生聖人亦何異于生凡民？聖人爲表驚絕俗之人，則天既生聖人，又何以生凡民若此者？皆非私論聖之旨者也。有哉曰：吾言民而既及于麟鳳山海矣，乃或者從而議之，謂不類也，寔甚孟不類也，聖與泰不類也。高乎與太山又不猶之類，然何不類，如與衆不類也，深駭錯

麟而行飛乎呼鳳凰而使走乎嵩泰而使流指河海而使峙乎
吾知麒麟聖人有所不能也聖人有所不能則是麟鳳者獸中之
聖而非離乎飛走也泰山河海猶山水中之聖而非離乎流峙也
吾得一言斷之曰難也夫然後可進而論聖人今夫聖人首出天
下皆處乎暇矣聖人奠聯天下皆安乎愚矣乃稱聖者概及乎民
民亦擬之非其倫耶而不然也聖人有宮墻斯民得而進之聖人
有俎豆斯民得而習之聖人有羽籥羣羹斯民得而鼓舞之聖人
有易象春秋斯民得而誦讀之則莫不畏聖人疑聖人之思絕遠
乎聖人也昭甚故聖人以之生而離遊于圖籍儼乎於泰山河海

類也聖人之於民　秦松齡

[illegible]登封潸嶽之舊斯民必曰崒矣吾得所宗矣聖人之設如嶽爲
[illegible]瀆爲之譜泰山河海奠頌石揚波之異斯民必曰昔矣吾夫（並出頗盛某）
所據矣未是以思聖人之於民類耶不類耶夫知類之說者無幾
[illegible]與語出類之人矣

已晚村云此題無挈挽法前半若挈聖人則是與上麟鳳山海
而五後半若挽類也則又礙下文然讀此又覺無句不挽無句
不挈而奇論肆出又復慨然有餘則何也余謂搭截無不挈不
挽之理但題前未出類也又提下句不得既出類也即正挈下
句亦不得此文先出類宗用錯筆巧如不觸下句正位此挈之

搭截館合　第十

得法也。題緒明挽盡寫已。古下亦然。此文就鶻鳳山海穿插
只歷疏之而亦用借筆暗挽自不□亦類句正位抖挽之得
法也。因心變應之巧。學者于此得得思過半矣。

顧也璽　纂

類也聖人　類也　　　顧我鈞

各為類聖人亦與民類矣夫物有其類麟鳳山海不能別為類
也民中有聖其類亦何嘗有別乎且天下之物不唯民也而天下
之人又不皆民民也者下之不至與物伍上之不敢與聖齊者也
雖然人與物有辨矣人與人亦有辨乎如謂人與人有辨矣彼物
與物庸獨無辨乎吾惟為之統其始而齊其歸則異物固于物者
異人亦可姑圍于人亦曰稽其類而已矣麟也鳳也山海也其于
走獸飛鳥邱垤行潦相去何如哉吾以為無不同也蓋其類也
夫將欲確殊尤之物而各為析類以計奇則凡近之質久已隊別

㡳分而無敢作攀援之望而無如不為析也齊而論之而比物連
寫聖字蹊逕
類何家獨判其名稱天苟欲立聖之姿而別成一類以見其
瑰奇之品亦何氣求聲應而何至來綠槃之嬉而無如不為別也
比而同之而方以類聚誰得强分其畛域倖乎其為類也夫人何
獨不然哉聖人之于民下獨不然哉盖必高位置以立異言愈大
步趨
而徒病其夸而為原本質以定衡論少卑而不嬉其藝必謂聖人
天誕其靈地鍾其秀醴泉芝草必不與庸近同類則雖推崇備至
真善讀書人
元鳥降商牛羊字稷徒以滋說經之陋而後世疑其制論之乖
絻不知聖人理以成性氣以成形食味別聲絕不與人情相遠絲

或貶損隨時而鹿豕同遊陶漁共業適以徵處境之常而詎得然亦立言之非體夫聖人之于民則亦類也已矣類以狀貌而殊乎之齒者去其角傅之翼者兩其足其狀固不侔矣聖人于民侔乎不侔乎五官百骸陰陽不能收其鑪錘則河目者亦目也龍顏（精光四射）者亦顏也圩頂者亦頂也吾未見其體格之獨奇類以性情而異不讓土壤以成大不擇細流以就深其情固相隔矣聖人於民隔乎不隔乎二氣五行山川不能別異其光怪則流水亦飲食也曲肱亦坐臥也章甫逢掖亦衣冠也吾但見其云為之舉動又安見鱗麟鳳山海不離其類而聖人之于。獨非類也哉觀于出焉拔

焉而卒未有孔子斯真不可以類加之

奇麗文仍自氣質深學柳州而能兆辨逸此俊偉　吳牧園

下半縈拂上面山水鳥獸等項異樣出色俞是長袖善舞　九侯

類也聖　顧

禮之用和為貴 一章 方苞

知和知節而禮乃成矣、蓋禮以為節、而和寓焉、故貴美而可由也、彼有所不行者、又可以為知和也哉、且人有性與情而不能自遂故先王之禮制行焉。然或以為先王之禮而不知其為己之性與情也、又或以為己之性與情即先王之禮而不知非徒己之性與情也、蓋禮之名雖存而其寔之不行于天下久矣、行者生民之初耦居無等、雖君父兄而常以為吾儕、故嚣凌詬誶習為故常而有欲致其相親相愛之道者、亦用達其分而不可以安先王憂之制為之禮使知貴賤而親用以為其性與情之既離若吾以禮柔其

（通篇將此二意迴環發明）

（節中有）

氣而即以禮感其心其性與情之未離者吾以禮足其心而即以

○和○恕○仍○節　一○華○扛○短○前○後○脉○節○貫○　○有○禮○

禮防其弊故禮者所以立人事之節而導人心之和者也無有所

○故○和○造○意○微○妙○　○精○語○

致而中必饜故勞苦藝敬乃所以養安苟近其物而情亦生故物

透下

采容儀皆所以體性知此意者是禮之所以行而用之所以貴也

反掉、收足上截

如其不然而惟是化性起偽屈摺以匡天下之形則夫恣雎其性

與情而決先王之禮者不俟終日矣而先王之道何以為義小大

之事何以必由也哉雖然天下無知和者而禮亡天下無知和者

而間有知和而和者而禮亡而和亦亡何者和無不行而有所不

○所○以○不○可○行○之○故○最○透○徹○精○明○

行者知和而和不復以禮節之也以凡弟朋友之愛而上施于君

高語共者次第

父則出者不自覺而受者必不安去周旋際會之文而放浪于形骸則貴于外者無可觀而譽于胸者亦未得宜性之既蕩則反其道亦可以為非志即無他而由其風亦可以亂俗苟如是是亦不可行矣夫先王之制禮也非徒為性與情之既離者也謂夫相親相愛者無以自達而有所不行而今乃以無節者為性與情而增其放哉夙叔義之惟守禮者若以身為梏故不足以厥知和者之意而猶任其情惟知和者復與道大乖益以阻用禮者之氣而使之不適二者皆譏是禮之寔未嘗一日行于天下也可不惜哉

先王本人情而制禮依人性而作儀節與和原不相離惟化性

禮後乎子　一節

興化陳師尊月課　林家棟　次吟
本學超等一名

因詩而悟及禮聖人即許以言詩焉夫詩未嘗言及禮也禮後之旨是發聖人之所未發也如商也猶未可與言詩哉且學者登聖人之堂觀其車服禮器未嘗不得其意旨而生其感悟要非真能悟也昔者聖人删詩有訓而訂禮無文善治詩者於禮制之大原忽悟於篇什之內是其治一經而能不滞于經也夫治一經而能不滞于經聖人即樂於治經而與之子夏論素絢之詩而子語以繪事後素與亦第言詩而已耳而子夏于與置詩勿論因後之旨而悟所先識先之意而復言後蓋後其所後而無與于繪素之觀也亦後其所後而並

（奇情突出）

（輕逸）

無復作言詩想也思昔先王制禮為莫大之經而儀章稠疊度數繁悉必有所附而行夫有所附而行則行禮者不得執末而爭趨矣抑亦甚亟之數而固其肌膚束其筋骸必有所主而立夫有所主而立則立禮者非復拘文以相責矣此意於素絢之詩殊未及而商也論

閑情逸致惟力餘乎文方有此

及此因憶夫子燕居嘗與子張子貢言游輩縱言及禮之三人者或越席而進或復有所請未能遽達乎禮之徵若是乎禮之難知甚於

屈曲頓跌取意尤永

詩也抑夫子有言曰不能詩於禮謬謂商也治詩而遽能達禮則吾不知讀倩盼之詩而並無疑于素絢之說者幾何人而卒不聞有悟及乎禮之義則豈非能詩之未必知禮之一證乎而若之人者吾不

謂之不知禮直謂之不能詩今夫詩之益人大矣大抵非善悟之人不能通知啓悟其意商之言禮繪特素絢之詩不及此即夫子言之而意殊未及此夫執一詩以求解所解者詩也而正滯乎詩執一詩逸宕以求解而即置乎詩所解者不在詩也而已深乎詩今夫詩有與禮就禮詩感

趣波瀾通者茅鴟相鼠刺無禮之詩也抑戒賓筵又謹禮之詩也至三無五趣則又禮中之詩令學者肄習之而能相為解悟使商必讀是詩而後能及禮則亦無所感發予之志意又何足與言詩哉然則子之所與者意蓋可知矣他日夫子又嘗以之許賜而一則詩之忽來一則旁意側解挾剔離奇詩之忽去其肯趣又各有不同也夫曲禮三千而詩僅過三百得其

解者不在多也禮歸無體而詩又蔽一言通其意者皆可悟也然則（天風送寶花）
夫子刪詩而弗及禮以爲第得可與言詩之人而其餘皆可無憾乎
厥後詩學專家卒歸卜氏則起予之嘆夫子早已知之矣
紆廻往復得歐陽子之致而巧密深細㧑幻離披音節疏越則蘇門山之長嘯千里猶聞聲也　陳蓼園老師原評
有詩禮枯合處有禮詩脫化處題妙文妙固相稱也氣度神息醇乎史漢矣　出溆渠先生

禮後乎

禮儀三百

任啟運

即禮儀以觀道、猶小中之大也、夫禮之儀而至三百、亦已小矣、而小僅如是已乎、子思將明道之入于至小無間也、而先曰道之大小非竟判為二物也、於大之中即得其小焉、即道之小、亦非遽及至微也、於小之中原有其大焉、吾試言大之優優、若今夫天地之中、其宰制萬物者禮而已矣、先王之立禮也、區其綱為五、以親萬民、則有嘉而於邦國則吉以祀、凶以哀、賓以親、軍以同、其以是為統也、未得為小也、既又區其目為三十有六、惟祭居三之一、而自此以外、軍八之、嘉六之、凶賓皆五之、其以是為紀也、小矣、而猶未

（從上引入）（領取題意）（黃河之水）（六上來）（提礼字者）（先綱起義）（古錯）

得為小也由是更析之則為禮儀之三百矣夫禮之必析為儀何也朝廟之禮多主尊然尊而不親其意反有所需而不能以自達故多為節次以紆之如朝而受覲于廟尊矣而必為之迎于郊擯于館享于朝廟而事尸于堂尊矣而必為之祼于室告于庭祝于祊是豈故為近人哉夫情必達而後吾之致其尊者乃彌賫志敬而節具也不然則已戇矣室家之禮多尚質然質而不文其事每以易狎而不可要諸典故必多為之節目以厥之如冠之醮以一獻質也而必為之受字于賓授胙于毋奠摯于君昏之享以同牢質也而必為之日月告君齋戒告神酒食召隣是豈故為遠人哉

夫節必備而後吾之用其質者乃觸覺情深而文明也不然則已蹙矣所以詩之篇三百而儀之數如之蓋不能詩于礼必謬故詩之所至礼亦至焉而詩為情之通礼為情之止易之策三百而儀之數亦如之蓋擬諸形容以象其物宜即觀其會通以行其典礼故易之用尚其變而礼之用尚其常試觀天下之物其大數未有不三百者則礼以宰制萬物固有不得不三百者也然而猶非小之至也進而觀其威儀則更有三千在

（三百親發却有精義）（天參証合）

確是儀礼無一語可移入論礼亦無一語可移屬威儀　程得華

崇寔發揮絕不躲閃此為真寔力量　曾蒸表

融會經義寔有下手把鼻處、故張辨以晢、緬粹以精、

附考　礼記疏周官為体、儀礼為履、周礼見于經籍、其名異者有七、孝經說云經礼三百、一也、礼器云經礼三百、二也、中庸云礼儀三百、三也、春秋說云礼經三百、四也、礼記云有正經三百、五也、周官外題謂為周礼、六也、藝文志云周官經六篇、七也、七者皆云三百、故知俱是周官、周官三百六十、奪其大數而云三百也、

附釋

綱五　周礼春官大宗伯以吉礼事邦国之鬼神祇、○以凶礼哀邦国之憂、○以賓礼親邦国、○以軍礼同邦国、○以嘉礼親萬民、

於室　礼記郊特牲、血毛詔于室、

於堂　礼記郊特牲、坐尸于堂、

祝祊　礼記祭統、詔祝于室、而出于祊、

於庭　礼記郊特牲、用牲于庭、

醮冠　蓋見礼記郊特牲、醮于客位、加有成也、○冠而字之、敬其名也、

日月告君齋戒告神酒食名隣　俱見曲礼、

奠摯于君　礼記冠義、元冠元端奠摯于君、遂以摯見于鄉大夫、鄉先生、以成人見也、

禮儀三百威儀三千

周學健

道寓于禮其禮事無不在也蓋禮者道之散著者也三百三千莫非精微之寓道豈復有間哉今夫道散為萬象而天之所秩莫非全體之所給則散而為萬者固任舉一端而皆載其體之全書與俱呈斯道之所入無散之非全已優優大哉於穆之真寂持于倫物中者恒隨觸而即是所載之神彌綸于日用間者又屢變而不窮是故由乎天而生依乎性而制高下散殊禮儀以立極之三百無一物之非道也曲折詳明威儀以衍析之三千無一事之非道也夫秩序之存其統物者嚴矣然而形器之[illegible]不有自

中庸　豫章書院會課

然之度數焉則高卑等殺匪相踰也天之所命[illegible]顯之
甚淆要皆有其釐然各正者率乎一無過不及之則而道之所
際遂有足乎其分而藏圍莫踰者故極天下之至動而不可亂也
品節之煩其檢身者密矣哉然而情文之所在亦莫不有當然之
委折焉則周旋盤辟匪虛陳也身之所安而理以得雖事之甚微
要皆有其確然不易者在乎立一無偏無陂之準而道之所至道
有措之悉協而曲成靡遺者故極天下之至賾而不可惡也且夫
道渾于無名而禮之制也有數以命之將條分縷析祇以盡其自
然之數而要于道無所割也數與道本相涵而不可分徹而出之

以密哉部有味言之

即毫末之辨其㣲有必不相假者而道斯緣之為紀故名義之分莫非性命之所流布而初非借之以定命道藏于無眹而徵之行也有象以文之將紛紜交錯祇以昭其秩然之象而要于適無所

別胎裝壓乃見其說

飾也象與道本相合而莫能離分而著之雖一動之微其象有必不容偽者而道即據之為質故典禮之行莫非帝裁之所會通而

可謂切一切題

斯非假之以飾精粗所以為聖人之通也此所以為聖人之通優優大也

蘊深積厚刻而不苦𢯱而不漫橫豎說來而纖毫不爽所謂通

身在水中方解翻浪而出其自涯返者則[illegible]洞[illegible]而[illegible]計

張子云仁体事無不在只恁指一物便有一些好的道理在內無些子空缺所謂至小無間初非贊聖人制禮盡善也須知禮即是道一分剖遂成兩撇此文見理甚精極分析又極澁論雖震川起筆亦無以過傳世何疑　錢紫象

禮是道之顯然可見處率性之謂道〻是人之行處仁得至當恰好無過不及秩然可觀便曰禮故曰禮者天理自然之節文也中也者和也中節也聖人制禮正是修道之教非能于天命人性上加減得一毫三百三千盡善盡美只緣道本是如是耳故云道之入于至小而無間際節節有何礼除却禮更何處見道題本甚明人自轇轕讀此當豁然無疑矣　宗德

禮儀三百　二句　帥念祖

禮制卒道之精盡其小而遂見大焉蓋道本虛體于禮則無不定三百三千其不遺于小者乃遂見其大哉今夫道體事而無不在禮切于人而有可循故道運于禮之先而麗于禮之定聖人但因其自然之數以立制而已各見其精意之所存推極之千百而一遺非道也大哉優優乎率天命之精合之而全者即細為分之而夕各見其全故即事即物道不潰其分也萬物之性試之而紛者各有以給之而卒不病其紛故經舉目列道不難于給也彼蘊然而三百者禮儀也耶燦然而三千者威儀也耶禮從不獸于、者人

中庸

學之體至千百而盡故至正之規以千百而立也亂繇爽々下至
及于周旋襲裼之文而卒不得以精畧者惟道之量渾焉而能該
哉則纖悉曲折之故直與人事相埒而彌見其詳也百務而各乘
其經一事而細循其節三百三千一皆精義之融注而浹洽則經
常所設更無粗迹矣禮之不嫌于密者日用之故備千百而靡故
大中之矩以千百而嚴也吉凶軍賓嘉下至不遺繫纍縷曲之細
而卒不容以精疏者惟道之體精焉而能散々則變動繁重之數
遂與日用相維而獨形其緊也嚴其經而大有範嚴其曲而小有範
程三百三千一皆至理之流貫而發皇則儀度所乘無非性命矣

禮儀三百　二句（中庸）　帥念祖

蓋禮者物則也設名器數禮之因物而付者也萬物其散殊矣禮

○張○宗○漸○氣○振○發○皇○

以立其則々設以宣之名以命之器以形之數以紀之遂覺其纖

細者于彼而道在于此而道亦在也無乎不在則象分縷晰而[illegible]

物已無憂患也禮者天秩也動靜剛柔禮之本天而宜者也崇卑

其定位與禮以合其宜則動以宣陽靜以養陰剛以體健柔以綏

識○婉○[illegible]○[illegible]○俊○可○化○爲○[illegible]○可○起○悟○

順遂覺其精詳者于彼而道存于此而道亦存也無乎不存則參

伍錯綜而兩大已無遺憾也是故觀典制之精則道非淺近植人

通之紀則道非高遠禮儀亦道也威儀亦道也三百非少也三千

非多也優々大哉道之無間也

中庸

中庸

議論質實元氣渾淪直參震川臧甫之室　紹　天子

一往奧衍蒼然油然其中萬怪惶惑遇物掩蔽不復自露非孟

醇曾質兼而有之何以及此　陳東亭先生

本領深厚發為高文純而不襍典而有法辨香故在南豐　張帝佑

涵蓄貫通直寫胸情已極勝地至通體共古質莊嚴堅栗金石

則匡劉說經之遺而班韓得之雄視千古者也　幼遵

禮儀三　帥

禮儀二百　二句　　姚培仁

道莫大乎禮析舉之而知其備焉夫非道而何以有禮三百三千

不可以知禮儀威儀之備乎而道何大乎且夫天高地下萬物散（從上節落到禮上）

殊而禮制行焉禮之所在道之所存也名以命之數以紀之覺天（字恰好）

地之大萬物之衆無一可外乎道即無一可外乎禮者而道不優

優而大乎聖人禮天之撰知天有敘而不可無以敘之也天有秩（起比即承小講意暢之）

而不可無以秩之也故五典有惇五禮有庸而奉若乎天者禮實

範圍而不過聖人作萬物之則知物有節而不可無以節之也物

有序而不可無以序之也故觀其會通行其典禮而萃乎萬物

中庸　雍正癸卯

中庸　雍正癸卯

者禮自曲成而不遺則舉凡天之下萬物之中絜非道乎方其非禮乎而綜其大綱則曰禮儀經之緯之有其則焉節之文之有其理焉親義序別信禮之維乎倫常者歷萬世而不易也吉凶軍賓嘉禮之貫乎朝野者胥天下而莫易也殊事而合敬異文而合愛一禮儀之所以聯也恩勝而不流義勝而不離一禮儀之所以分也統之以三百而道有不貫焉者乎而疏其節目則曰威儀少儀之書謹其細焉內則之文慎其微焉自簠簋俎豆以及乎制度文章禮之有其器也自升降上下以暨乎周還裼襲禮之有其文也襘結必嚴帶弁必肅一威儀之可畏而可象也容止是飭笑言是

禀一威儀之有倫而有脊也析之以三千而道有不該焉者乎要之禮儀即在威儀之中威儀不越禮儀之外增美飾回而器乃大備人官物曲而本有以行隨在皆恭儉莊敬之實由三百而合之三千由三千而統之三百以少為貴而減之至於無可減以多為貴而增之至於無可增何往非撙節退讓之原則甚矣禮之所在皆道之所存也而道之大不又於是而可見哉

薈萃經義實義鑿鑿與他家勦襲陳言者迥殊　原批

朱子語類謂三百三千皆天道流行發見處入手本此立論通體晶瑩潔白其言有物不媿讀書人文字　王斗初

中庸　　仙鐫堂

中庸

華三禮之英華而條分縷析無不晶瑩此由醞釀深厚[illegible]擬者

何從望其脚板　蔣詒久

即禮是道〻之在人者即本在天者來天人雖殊而其道惟一

此處看得融洽禮儀還他大綱威儀還他節目各自細寫正見

道之入於至小而無間處上文優〻二字亦加倍分曉文之朴

實堅卓直逼嘉隆大家　王學舒

禮儀三百　崇禮

福建黄學院歲入泉州府學二名　莊延斐

道散于禮，崇禮亦以凝道也。夫禮儀、威儀，至道所寓也。然則凝道之功不一，而崇禮又曷可少哉？且千古之大道，千古之禮教為之也。一日無禮，則聖人之道幾乎息矣。後之學聖者，將何所持循以為致知之資，而且以全其存心之功乎？則欲驗優優之道，曷不觀之于禮。蓋自天高地下，萬物散殊，而禮行焉。使謂禮之所在非道之所在，則是禮無關于德性，無關于問學，褻而玩之，皆有矣。欽而崇之者誰乎？而不見人倫中秩然五品之不紊者，非禮儀乎？性聖人以禮儀明道，所以大經必飭，而此有三百而不紊 [illegible] 貼然

原評：氣融貫。

提明，却不礙上下本位。

提轉。

度數之不苟者非威儀乎惟聖人以威儀維道所以川詳而
見全于半義蘊自然
至于三千若此者天之經也地之紀也萬物之所為範也則謂優
優之道即洋洋之道可也雖然三百三千盡存其理則即天地萬
側華
物、、、、虛存其位則不得不以至大之道持至德之人而後道有所凝
領上文
而日流行于宇宙間也是所望于君子夫君子既不如制禮之聖
側補洋洋鄭妙　虛筆逆潑
人上位天地下育萬物自當以尊道為己責然尊道之事不一而
直走崇礼原評辣甚
足而要非崇禮無以終厥功且夫禮也者根于德性而為問學之
如珠在貫要非淺滅裂故佳
資也德性不範于禮則廣大蔽于私高明累于欲而何以全其本
然之故問學不研于禮則精微有未析中庸有未協而何以致其

日新之機是以君子既敦厚矣又必汲汲以崇禮者夫亦以三百
三千均為道所燦著而不得不以崇禮全其修凝之功也不然且
無以凝道之小而何以凝道之大乎
聖人君子上下境地既不可滅裂德性問學多許頭項又不得
抹去題之所以繁重也起訖在握各還界限清爽夢會家不忙
老于理法者

禮儀三　莊

歲入泉州府學十四名　陳蓮洲

威儀三千

曲禮之尤詳也聖道之悉備矣夫莫繁於威儀而一一皆道極其数於三千道之小而無間何如乎且禮之設也其窮道力以創制者統萬物於一體而極道力以周旋者溴萬物而各正古先王觀其會通行其典禮無細不周禮之中更有禮儀之中更有儀其準乎道之當然而因乎道之本然者豈特三百已哉蓋有經以陳其常而通乎其宜節乎其適凡統之以經綸之大者自必備乎泛應之分拊有經以要其歸而條而分之縷而析之舉範之以規矩之[illegible]者更曲盡乎周折之詳是蓋有威儀爲稽其数[illegible]

畏者禮不主於賦乎然賦在本體[illegible]合有其
節事事期不失節而釋回增美極其致之周容即[illegible]搏而不過者也
較諸三百之制而數倍之矣其致飾而亨使有儀可象者曾不漸而
加乎夫加在文為則數益繁矣蓋三百之中各有其文處處必合乎
文而緣情嘉會引其緒而愈長即此致飾而亨者又恢乎三百之蘊
而衆著之矣禮有其名而威儀則有其象即其名而徵諸象實百出
而不窮故威儀視禮儀為尤多也同此一事而周旋進反各有其則
終始往復悉協其度威儀乎可法而不可窮其近在云為之間而遠
出言思之表者豈能盡其類而述其名乎禮因乎事而威儀則因乎

三義也舉

時隨其事而不違乎時洵至賾而不厭故威儀於禮儀為加詳也同
此一事而升降上下各極其變俯仰疾徐必稱其權威儀乎可通而
不可泥任情境之殊致而通事理而極則者有能限其事而悉其數
乎是則通變盡利道極乎威儀之賾舉其全三千非多而錯綜其數
威儀極乎道之細會其原三千如一夫孰非道之小而無內乎
舉義必該氣亦淳慤異乎浮漂不歸者

威儀三千

歲入晉江學六名　蔡大經

中庸復詳曲禮而道無小之非大矣夫威儀固即在禮儀中者也詳之而有三千不愈見道之入無間乎且大道之散見也愈衍而愈多亦愈肅而愈謹彌推而彌細亦彌入而彌贖其附于身而不可去者寧第禮儀三百已哉若綱在網既儼示以天高地下之燦着顧就其中而纖悉備詳者爲數尤多也大道不僭既歷告以民彝物則之昭彰顧即其中而細微必謹者爲物較密也言有威　下夫猶是曲禮也而曷爲以威名哉蓋儀愈多則其所　覺漸茲惜仰之意示之以威而凡瞻

反一步掰一蹴躋也詳愈求詳至𠂇進ㄣ答
千中而後道無貽虧而貽欠抑其所以循是文者曰由數
之懷怵之以威而凡登降拜跪命之定天之畏也盜答費之幣之陳
粹美不可揀
敬之將也謹愈加謹至夷一身之筋骸手足以周浹乎三千中而後
道乃至精而至纖原威儀所由著亦祇布乎禮儀中之所當然然正
唯見為當然增數周折不一元為多少一節文即見為減也是三千者
固從三百而出而齋居無容以不謹廟朝無容以不莊推三千所由
備亦祇究乎三百中之不得不然然正惟見為不得不然完其度數
鍛鍊精純
隨在皆道脉虧厥文具無往非道敝也是威儀者固理禮儀之緒而

獨見無在不曲拳。衆見無在不恭。重盖論道於至微。舍威儀無以昭
禮儀之緻。語道於無間。非三千無以緄三百之縫。而豈偶然哉。
翦水分風肌劈理解嘗擧似簡要清通之目

威儀三千

江蘇劉宗師歲入
靖江縣學一名　瞿保和

更即威儀以言道優優者誠無間矣夫禮既制而威儀見焉道所為體事無不在也極之三千其優優又何如哉中庸謂夫自生天生物以來（陡偉）道固處于日分之勢矣故本乎天之經而抑且昭乎物之采蓋覩于古聖人所謂動容周旋而悉中者而後知儀則之燦陳愈分愈出而莫盡其數而渾然之全體卒亦無何不具足也（所謂各一太極）道之優優豈特禮儀三百而已哉禮行于朝廟非可曰大禮必簡也冠裳玉帛之交不極之莊嚴有度必無以昭示其文明（原渾淡樸）乃有道以為之敷賁而委曲詳盡蔚然而呈性命之華禮貴于家庭非曰

至敬無文也燕見聚處之會不極之婉轉可風亦以貽譏于喬野乃有道以為之發皇而意象雍容爍然而賁乾坤之色是則所謂威儀也極而言之不又有三千乎天道之精不終秘而緣情生文則高卑俯仰取其象于陰陽升降之間而潤色非關人事是故謹其節于嚬笑而防維者密勢其形于手足而範圍者周每有偶舉一儀而坐作起立之餘具有多方之曲折而就三百而綜其全其間之名命數紀者庸有既乎蓋繁而不殺而折矩旋規何往非帝則之察然大道之藴不終藏而假物成象則豆耦鼎奇法其象于四特五行之運而品式俱有化工是故裼襲之殊其制而服御

原評起勢森峻

語見原本

必嚴和藹之倫其文而行止必飭每有隨舉一儀而文物聲明之具皆有不盡之數陳而就三百而求其倫其中之參伍錯綜者寧有窮乎蓋博而不靡而見象形器安在非天命之昭然則析之為三千于道非有分給之勞而適昭散殊之迹試觀軍行尚武亦著文章喪事主哀亦徵繁縟下至幄房婦女而棗栗脯修尚表恪恭于贄見無他天之所設本如是之燦然而各當也而假手于虞夏商周之裁定者早有以攬文質之全抑且殺之為三千于道非有易窮之蘊而寔徵不匱之藏試觀飲食為燕樂之末而監史互糾男女為生育之恒而裼裳異用下至耕鑿愚氓而祈年報賽亦

此為舉倫見全非掛一漏萬

警闢

脩儀物于田間無他命之所定原如是之煥然日新也而循事于秩序敦庸以增飾者遂無以窺道器之隙威儀三千其優優又何如哉

思徑通長才峰峻立捶字結響淵淵有金石聲　原評

本禮經之旨發皇其辭猶見國初風味　高誦蕭

肌豊力沈則翺翥不遠文故有凌雲之氣　趙奇三

威儀三　瞿

威儀三千

瞿保和

更即威儀以言道優優者誠無間矣夫礼既制而威儀見焉道所為體事無不在也極之三千其優優又何如哉中庸謂夫自生天生物以来道固處於日分之静矣故本乎天之經抑且昭乎物之秉吾觀古聖人周旋悉中而知儀節燦陳固有愈分愈出莫盡其數者而渾然之全體卒亦無乎不具足也道之優優豈特礼儀三百已哉礼刑於朝庙非可曰大礼必簡也冠裳玉帛之交不極之莊厥有度無以示文明乃有道以敷貴而委曲詳盡蔚然而呈性命之華礼胥於家庭非可曰[illegible]無文也燕㬪聚處之會不極之

婉轉可風達以游囂野乃有以發皇而意象雍容燦然而耀乾坤之色是則所謂威儀也極而言之不又有三千乎大道之精不終秘而緣情生文則高卑俯仰取其象於陰陽升降之間而潤色非關人事是故謹其嚬笑而防維者密勞其手足而範圍者周每有偶舉一儀而曲踐肇拳各具無方之曲折就三百而統其全則名命數紀者庸有既乎蓋繁而不殺而折矩旋規何往非帝則之察欲大道之蘊不終藏而假物呈形則豆耦咼奇法其象於四時五行之際而品式俱有化工是故裼襲殊其制而服御必辰和鸞循其文而行止必飭無有隨牽一儀而報明文物殊多不盡之數

陳就三百而求其備則叅伍錯綜者寧有窮乎盖博而不靡而見象形器安在非天命之昭然則析之為三千於道非有分給之勞而遷昭散殊之迹試觀軍行尚武亦著文章喪事主哀亦徵繁縟下至帷房婦女而棗栗脯脩尚表恪恭于贄見無他天之所設本如是之秩然各當也而假手于虞夏商周之裁定者早有以攬文質之全抑猶之為三千于道非有易窮之藴而寔微不匱之藏試觀飲食為燕樂之末而監史互糾男女為生育之恒而裼裳異用下至耕鑿愚氓而祈年報賽亦備儀物于田間無他命之所定原如是之煥然日新也而踵事于秩序惇庸以增飾者遂無以窺

道器之際。威儀三千。其優優何如哉。

礼儀威儀。原相懸絶。不鮮俗手何以作儆侗語也。是作家上優優大哉句。切定威儀發揮。觳光炳蔚。藻采繽紛。

附考 儀礼之別亦有七處。而有五名。一則孝經說春秋及中庸云儀礼三千。二則礼器云曲礼三千。三則礼說云動儀三千。四則春秋說謂為儀礼。五則藝文志謂儀礼為古礼經。凡此七處。五名稱謂並承三百之下。故知即儀礼也。所以三千者。其履行周官五礼之別。其事委曲條數繁廣。故有三千也。

附釋 大礼必簡 礼樂記大樂必易。大礼必簡。 至敬無文 礼記礼器有以素為貴者。至敬無文。 周規折矩 礼玉藻周还中規。折还中矩。 豆耦 礼郊特牲鼎俎奇而籩豆偶。陰陽之義也。

禮儀三百

瞿義正

中庸驗道于經禮亦既三百之多矣蓋以禮驗道至無間也而第舉夫經禮言之不已優優乎三百乎中庸謂夫聖人之道大于其大更大于其小然小之中固先有統會焉者故從其衆著之義而言（清題脉）之則雖屬統會之數而已處乎其小而已不可紀極于天地萬物之間優優大哉天高地下萬物散殊而禮制行焉則體事而無不（禮字題）在者莫如禮範圍不過曲成不遺而儀則著焉則分定而不可紊（禮字題）（儀字細心）者莫如禮之儀觀其會通以行其典禮優優乎生于理之一纔本乎極此理一則發育峻極皆丹意焉一熟方以類聚而 [illegible] 又

江南新宗師科試精

江南浙宗師科試　情

出于分之殊極生乎儀也分殊則尊卑貴賤不相假焉聖人之制禮也及朝廷不及里巷及邦國不及閨閫是乎外而遺內治貴而棄賤也禮有所不及即道有所不足也今試屈指計之而烏乎不及乎又使聖人之制禮而作儀也卑者肖卑而尊者不必肖其尊親者肖親而疏者不必肖其疏是理下而不安上篤近而㧞欲舉遠也儀有所不肖即道有所不足也今試更僕數之而烏乎不肖乎亦既三百之多矣其吉歟其凶歟然吉不一而各有禮焉象其吉凶不一而各有禮焉象其凶其象之者皆其當然者也當然者道也其軍歟其賓與嘉歟然軍不一而各有禮焉制其軍與賓

與嘉不一而各有禮焉制其賓與嘉其制之者皆其自然者也自然者道也雖曰綱統乎紀也而秩然有條者第舉其槩而推之已極紛紜蕃變之數雖曰經統乎曲也而判然不易者一理其緒而分之已極錯綜參伍之繁況威儀之又有三千乎誠優優其大也以道宇為根禮有所從生儀有所由著三百有所不可少愛其理明尤愛其詞簡 吳庚韻

禮儀三 瞿

翼之

南海縣考　莊銘藻

翼以繼輔人倫可行矣夫力之不能行猶身之不能立也繼輔而翼堯非以是翼人倫之行乎嘗思貽厥孫謀以燕翼子此為父而有以翼其子也而為上似不必翼其民抑知能字厥子者篤以家修非殷勤無以行其緒而如保赤子者勉以人紀非誘掖仍未善其施行之其維艱乎將欲進有守而有為何忍任其左支而右絀也如勞來匡直凡所以輔之者不既盡翼翼之小心乎雖然猶有進彝倫之攸斁也斁於民志之不堅尤斁於民身之不奮使立雖助而行未助則內而有以定其志外究無以導其身將安見亦步亦趨佐其成於勞來匡直之內彝倫之攸敘也敘於民心之不惑

尤叙於民力之不衰惟助其立更助其行則心既壯往於前力復
扶持於後於以見是彝是訓善其道於勞来匡直之餘此非所謂
翼之耶翼之不更嚴於輔之耶夫以翼與以引同稱有翼偕有馮
並重士君子羽儀王國雖翼君偏翼民也況身膺鄉教詎任民不
興行乎本引翼之深情而倫與民敦不啻鴻毛之遇推馮翼之至
意而倫期民盡奚慚鷺羽之歌蓋輔其立者推等車休而翼其行
者直同鳥覆也而胡勿兢兢焉翼之翼為仗股肱之力勵翼資明
達之才賢宰輔翊贊皇猷凡翼君皆翼民也況責有專司忍忘民
之修行乎以翼為與民義而鳥瞻爰止尤期指出迷津以勵翼保
民彝而雁慰嗸鳴還待導其先路蓋立必輔者爾既無棄而行必
翼者爾更有嚴也而胡勿勤勤焉翼之世有不待翼之而自行者

此天民也天民之於人倫不勉而中詎必借羽翼以助其成外此則引導有未誠斯倫常有難造大臣國鈞是秉雖不必出而與民敦服習而精神所注要必由輔成之後進而肩翼贊之勞爾而職任司徒也則欲民之不至如草木者恃有此翼欲民之不至如禽獸者亦恃有此翼耳夫豈等明夷之垂翼哉世有雖翼之而仍不行者此莠民也莠民之於人倫輒背而馳疇能本嚴翼以提其氣外此則扶持有其術斯倫理易於行小民道路是遵雖未敢岸然恃上為手援而教化漸臻易勿推輔佐之心思起而作翼成之體恤爾而志切時雍也將欲民之不混於獸跡者在乎此翼欲民之不墮於鳥迹者亦在乎此翼耳夫豈憚如鳥之舒翼哉

織席　　清湘集　莊葆涵

業更同乎捆屨者、異端所以異也、夫織席之業、與捆屨同、而必子若曰、非此不足表吾異耳、其意殆欲與孟子爭席乎、且士君子具經緯之才、將欲措一世於安全、登斯民於袵席者也、不謂異端者出、非待聘以自重、偏托業以鳴高、一時羣相操作、絡緯之聲不絶焉、噫、又異甚已、如許行之徒、而竟業乎捆屨哉、想許行之來滕也、滕之君側席以待、滕之人布席以須、一時避席而起者有之、前席而迎者有之、接席而談者又有之、使果能展布其經綸、即率其徒以優游自適、共處席豐履厚之境、亦奚不可而何居乎捆屨外、又以織席聞、業以獨理而精、兼營之則泛其

徒既效廉士之高風正不妨兼營以懋其遷而便於舉足者更
利於安身功以專求而進分務之則浮其徒既等館人之拮据
亦何妨分務以任其勞而物備乎壯行者復用取乎良止何則
席之為用也廣自王公以至士庶孰不藉席以為托處之左於
焉織之情有類乎辟纑迹更同乎執臬庶幾哉蒲越是尚亦以
見太古之高風席之為用也常自夜寐以至夙興莫不賴席以
為棲身之地於焉織之事必需夫結草功有待於引繩庶幾哉
組維惟勤聊以供前民之利用姑無論席五重席三重席再重
隆殺之等有必分第托乎業而曰織則理緒而分比類而合何
啻扣椓之必求其堅且無論為底席為筵席為豐席藻采之華
有一備第課其功而曰織則茍取質直蒲取樸濇何殊草屐之

無裳乎飾織與績同其務不績紋婆娑之舞詩刺之矣然此婦功也非儒業也而其徒不計焉既不比織貝之精復無取織文之麗而顧託宇下竟上冒皇古之遺紛然布几席於函丈織與紝同其勞學惟備衣裳之供禮載之矣然此教女也非課士也而其徒不顧焉既殊織皮之為儷又非織錦之成章而撫茲藐躬竟偽托儒林之選肅然侍講席於一堂戰國時多游說士大抵恃錦繡纂組之華相誇耀於一世而席不暇煖之孟子抱席珍而終不得聘幾欲卷而懷之焉良可慨矣獨奈何異端如許行者復率其徒以與孟子爭席乎彼自食其力而並耕之說所由來也

織席以為食　弟辛負耒耜　存真集　衛榮堃

織與捆皆為食計、而兄與弟偏以負傳焉夫織席無異捆屨、而要皆以為食也彼陳相與其弟辛、不且有耒耜之負耶今使孟子席珍在抱而時君隆倒屣之文何至師弟載贄出疆如農夫之不舍其耒耜哉乃託業更在數重供口腹者不徒扣掾而服田必資利器親手足者不憚胼胝杼軸忘勞而壎篪偕作其志殆將以求食乎抑何不以負天下為己任也如許行之徒既衣褐而捆屨矣豈不聞神農當日以耒耜之利教天下使許子與其徒而辛勤農業亦何肯以捆屨謀生先自負神農之教哉不謂其別求口食者又以織席特聞既不能前席而列朝端治播

田功。秉耒耜者七月陳其什。乃織之者若以營謀雖小。亦堪享
牟故之供。斯素食不至貽譏。而纂組偏工。直欲安其素於葛屨
履霜之下。又不獲側席而屑帶聘躬。襄祀事。親耒耜者千畝贊
其文。乃織之者若以織業雖微。亦足博三餐之奉。斯謀食自堪
藉手。而莞蒲可託。直將甘其陋於蒙袂輯屨之餘。然則織席之
繼夫捆屨。不皆同為謀食計乎。今夫我孟子負不世出之才。傳
食諸侯。席不暇煖。固欲使天下有鋤雲之樂。無懸磬之嗟也。設
當日諸侯王重席而師事之。拂席而隆奉之。將布席以行王道。
上則鑄劍戟為農器矣。袵席以拯生民。下則截耒耜於元辰矣。
一時士食舊德。農服先疇。既無懸耒以興嗟。方且于耜而舉趾。
何至與其徒。終老講席。而家食自甘。等於老農之終於荷蓧哉。

乃日者陳良之徒陳相又與弟辛以負耒耜傳矣請業者吾儒之學凡席丹鉛之地嘗有負笈以來遊者矣何相所負者不在笈而在耒耜也入既可以横經出亦無妨負耒在相也嬉遊是戒亦足免休其蠶織之譏則即其伯仲偕行數等肉食之臧文織蒲者同心有侶服勞者弟子之儀席間函丈之旁嘗有負杖以逍遥者矣何相所負者又不在杖而在耒耜也稼穡本屬小民之業農圃每來學士之誚在相也本務無忘豈别有組織林泉之志則即其兄先弟後無殊食貧之仲子織屨者兩美相諧奈何自宋之滕竟見許行而大悦也吾知陳良有知必割席而以為非我徒矣

願受一廛

玉茗集 姚丙熊

廛而欲受以一也、明所願而意可見矣、夫一廛之受、亦遠人之常也、許行自明其所願、其果聞行仁政而來哉、想其意若曰臣不幸僻處南邦、未獲覲光上國、方自慨萬間廣廈、其得以庇我者、幾虛願難償矣、顧念燕處之無方、作室遑期乎百堵、而冀鳩居之有賴、寄身聊借夫一枝、君惠其可邀乎、而蔀廛數椽亦關素志、則庶乎緇衣可賦、而黃鳥無歌也、臣遠方之人也、聞君行仁政、惠然肯來、先人之敝廬無恙、置焉弗顧、釣遊之故土旋離豈必以託庇宇下、爲棲身廛市計哉、然而所願難忘焉、前此困頓逢門、難免秋風蟋蟀、屋宇蕭條、今而欣居安土矣、思露處之堪虞奈何息肩無所前此窮居閭里猶且春酒羔羊室家相慶今而適彼樂郊也望星言而夙駕庶幾託足有方去鄉井以來游客邸蒼涼旅況尚堪屈指則聞風戾至孰維空谷之駒逢梓桑以遠適旅人孤苦當途應亦關心則靡騁堪嗟奚啻幕巢之燕如是則願方殷矣如是則願非奢矣馳驅而至冀託郡邑以容身向華屋而陳情固已吾盡雖憂跋涉而來竊幸大邦之相庇望闕廷而將意尚其爾室安居臣於是蓋願受一廛云且夫所願者惟受以廛而所受者必廛之一抑又何哉十步一閣五步一樓念處空之奢華臣安敢為此過望則何如一廛之為得也欣斗室之攸居奚事望衡瞻宇牆必需雕宇必期峻思古人之壯麗臣安必故事苛求則何如一廛之為便也幸短垣之是

築違論鳥革翬飛授館之文不必拘矣豈必宅環五畝惟期地拓三弓蔽風雨於一廛旅懷少慰卜宅之事何足思乎無非之子無家偶學小人近市競錐刀於廛肆素志能酬非敢以覔牖繩樞樂優游之歲月惟息風塵之困憊嗟予行役庶忘離別於故鄉非敢以華門圭竇處貧賤以驕人第免風雪之飄搖適從何來聊且棲遲於異地故當其未受之先室家未定是即願望甚切原難以異方羈客強期廛舍之居而當夫既受之後舍館已安竊謂願欲非虛則庶幾親若晚近敢賦廛征之柄令日卬關以請邀位置於邦郊他時列肆下廛附率從於草莽而無戾焉其可乎

願為聖人氓

小題約選　閻敬輿

宋人自抒所願初非不安於氓也夫相之為氓與許行無異而其願則獨誠矣聖人之稱豈誣也哉告文公曰君今者君滕國子滕民亦嘗念及鄰國之民乎民與滕為鄰覺滕之國樂甚滕之民安甚安樂者或自忘之而鄰民羨矣而鄰民乃不徒羨矣行聖人之政而為聖人滕之氓非即聖人之氓哉託聖人之宇者既存愛戴之忱近聖人之居者亦有歸來之慕愚賤之性情本摯正不異畢之好雨箕之好風估冒親承者先沐聖人之澤服從恐後者亦聞聖人之風顓蒙之向往維殷夫何俟獺之敺魚鸇之敺爵相今者竊有願矣初入聖人之境見有氓而秀著

焉曰庠曰序曰學校民所以明人倫者實賴聖人牖之念相也與弟偕行後先有序亦惟使壎箎克協用彰善教之徵及遊聖人之鄉見有民而樸者焉相友相助相扶持民所以保恆產者尤賴聖人綏之念相也負耒而至艱苦備嘗何敢致隴畝輟耕上負勸農之詔豈第出於聖人之塗乎豈第立於聖人之朝乎蓋願為氓云氓而為上古之民田可耕井可鑿帝力幾共忘矣豈知聖人復興後先正有同揆乎贄未載於出疆業亦同於抱布鳴雁其于飛耶諒聖人必能安集矣民而為四方之民察異服禁異言域民各有界介矣豈知聖人在上度量無所不容乎上既普興鋤之利下敢違于耜之期良禽其有擇耶非聖人吾誰與歸矣舊邦亦聖人之後統承思被其流風無如圖霸未終民

已無所庇蔭也而今幸矣念畛域之無分豈其思舊怨於曹南
來歸弗覚平昔讀聖人之書伯仲共馨其餘澤無如從遊未竟
吾將何所適從也而今幸矣值君師之在望直若佩舊聞於然
友永矢弗諼聞有佐聖人而理者或知相之至未必不鑒其愚
誠倘有知聖人之政者或先我而來諒已代抒其沈悃念昔日
之無每憂為此幸此時之得所爰慶鳩安相之願如此聖人
其誰乎否乎

心欲其入筆欲其出書以　其博筆欲其約文章之妙如是如
是

願學焉宗廟之事

葉文宗歲進
興化府學　王鼎甲

願以禮樂爲學者、先計及于可學之地焉、夫赤固學禮樂者也、茲乃自明所願、能不先計其事于宗廟乎、若曰凡人苟考訂未優、即欲邀冥漠之靈、恐已貽羞、一恫怨矣、夫典則攸關、豈容將以冒昧、禮法所在、尤當辨其威儀、士君子生逢明倫、而春秋享祀之文、烏可闕焉弗講耶、求以禮樂、僅僅乎得毋謂禮樂之事、赤實能之乎、而赤何敢望也、夫大禮與天地同節、大樂與天地同和、用之朝廷而朝廷得其正、用之邦國而邦國得其正、且即用之宗廟社稷、而神歆其祀、鬼享其食、所謂馨香無訏慝也、豈一介之士、敢輕言卒業

乎哉然亦雖有志未逮乃所願學之選博洽之才羣慕之矣亦
寧無心乎生大倫之餘宗伯之所司太常之所掌燦然俱陳也陶
情淑性之方竊敢從君子遊而一聽其丰采淹通之譽咸趨之矣
亦寧無意乎處明盛之世西京之玉帛東國之鼓鍾依然可溯也
教中教和之化竊敢隨君後而一覩其芳型雖然亦所願學者
禮樂之事雖未能綸稽博考自號多能亦非徒牽義拘文徒托空
言已也思昔聖王制作昌隆幽明悉洽經曲度數肄于春官寬栗
直溫教之胄子而澤宮選士必以與祭為榮豈非報本追遠之儀
固為國之大事也哉其在詩曰路寢孔碩新廟奕奕明禮倫樂當

惟宗廟爲然矣亦能不先計其事乎都宮偕合漢之文祖禰之英
靈儼然在上也覌夫三詔不同位九獻各異儀祝告孝而嘏告慈
禮教周詳莫過于是矣則計及其事而春露秋霜之感知知不同
薦稻薦盥之具文東向匯大祫之與昭穆之靈爽實已式憑也覌
夫六羽舞其容八風從如律趨承齊而行肆夏樂章繁會莫盛於
斯矣則深維厥事而禴祀蒸嘗之餘尤不比采藻采蘋之末節是
故當日者每事必問用昭慎于魯宮金人有銘聿徵博通于周
廟自鄹夫子服習素深其能者是乎赤也從遊有日辱承明問敢
不舉願學之事以爲夫子對哉然而所烈不止此也

葉大宗師原評
作法精詳筆機流暢洨穠
朧叔愧梧評
衛華佩實骨節俱靈

願學焉宗廟之事　陸申章　人文

以豊樂明所願事莫大於祭祀矣夫曰願學是未敢以素嫻禮樂自居也乃禮樂莫大於宗廟亦所為計及其事乎若曰儒者迭居一室慨想乎明倫之風而欣然慕之何待入明堂而致識也乎願論中和於陶淑平居之志念甚殷而問大典於王章使祀之規為綦肅慎毋曰肄業及之而無事企思乎告虔之典也君子之禮樂亦其致自居於能乎念自十三學樂始冠學禮亦曾涉其粗迹矣然而未窺其大也追從夫子久觀禮柱下論樂賓牟入廟而問識每事之宜虔既灌有識知執事之當洛處哉與聞一二以為未可

（龍　虎　妍　妙）

（一　座　琢　琅　空　明　映　照）

諉為異人任也用是翹思夫知節之原佩服於蹈履之素亦曰頋學焉耳礼樂之數繁而難稽其事未可以疏畧竟也赤竊頋於節文度數通其裒益之宜而禮異樂同一惟欽君子為俎豆禮樂之原微而難究其事未可以苟且嘗也赤竊頋於同節同和會其曲成之故而禮先樂後一惟奉君子為前聞且夫禮樂之為事也亦綦大矣哉昔先王之制禮作樂也建中和之極郊焉而神格廟焉而鬼饗舉凡顯庸創制備極情文而煌煌鉅典豈徒在堂基昌碣之間乃學者之節禮和樂也按春秋之序恭敬而常如對越雍肅而時若廟宮則夫監臨陟降益著輝煌而奕奕明禋尤為文物韡

容之地則曷觀夫宗廟之事乎孔在宗廟則室事而交乎户也堂事而交乎階也凡朝踐饋熟孰非觀礼時乎居贊宗而嫺習者能不頌奏假之章而懸擬乎省牲視濯樂在宗廟則牲出入而奏昭夏也出入而奏肆夏也凡軒縣干戚孰非觀樂地乎撫虡業而徘徊者能不頌有瞽之什而神馳于六變九成然則宗廟之事固禮樂之大者也以赤之願學而能不念及之乎調律于節性願與礼樂為周旋而春祠秋嘗烝以昭報為特重赤乃由廟中之象而更及王會之圖矣

玉節金和自是清廟明堂之器　楊履德

運典詳明中風雅宜人此事故須有書兼有筆趣奇三

關雎樂而　二句

范學院科覆入

莆田縣學十名　宋兆元

哀樂中其節、即關雎示訓焉、夫不淫不傷、斯可以樂與哀矣、味關雎
之詩其知文王之化乎、嘗謂詩以言情人情無哀樂則終古無詩是（至論）
故先王非禁人樂與哀也中其節焉斯可矣而吾必歸之關雎夫關
雎之詩何作乎惟肅雍之令德寡嫋而大邦有子適形窈窕之姿惟（后妃宮人並提逆重不恍）
二南之女子能詩而宮壼寫情偏呈哀樂之正其樂也為宮中之樂
小為宗社之樂大河洲采荇菜斯南國皆薦蘋蘩云何不樂也夫何（可入錦囊）
淫其哀也為一己之哀淺為風化之哀深造舟不迎于渭將翹楚薪
秣其駒云何不哀也夫何傷大抵宮人之得后妃也等之汝墳之思（旁見側出）

君子父母邇則頹尾忘勞好逑合則雎鳩誌喜樂同也則其正同也

反掉有力不淫傷意不煩言自雅

不然關雎淫將如蝃孔邇之樂更淫耶而宮人之懷后妃也猶之卷

如水投水

耳之思君子嗟懷人而為金罍之酌念聖配而為寤寐之求哀同也則其和同也不然關雎傷將高岡來懷之哀亦傷耶樂有節哀有節

故無邪之一言蔽三百而關雎之哀樂冠全詩迺不淫也有自不傷也

語本文王音言有詠　反勘淫

有自故臨保之雅化無為歌誦而關雎之哀樂播諸管絃彼夫采蘭

凛註中玩辭審音等語不用斜經矣

贈芍溱洧滂沱淫且傷者則盍誦關雎

吐棄凡近獨運性靈文心似雪文氣如蘭不圖今日見此廣陵散

也會伯黃庭聞

眉尾

據蒙引詩人哀樂之正專屬宮人以守朱子晚年更定之說前後歸重后妃之德與文王之化得題主腦而不淫不傷前用正筆寫入後用觀筆託出運化吐納山輝川媚望而知為珠玉之氣兼三厭薄時趨矩矱先正出入於歸胡湯許之間得其契匠而加變化焉收視反聽扶輿清微一字未安寢饋都廢年甫弱冠而成就已至於此吾無以測其馳騁之所極已　師姚叔度

關雎樂

獸蹄

曠視山房集　丁守存

獸之偪也觀其蹄而駭然矣夫獸去蹄留獸蹄多人足少矣實偪處此此特走馬者耳今者吁子自楚來楚之國君或豺聲古為凡乳桃弧棘矢以啟山林庶幾不逢不若矣乃歸乃弟踵門而至斯皆捆屨以為食也抑思古之時無容踵之地更無容屨之地縱之橫之左之右之咄咄偪人一望而可駭者曰獸蹄上古之君獸首而人身許子未之見也不曰象代其耕而曰牛負其軛隆古之世獸多而人少許子未之聞也不曰茹毛飲血而曰朝饔夕飧抑思爾時之獸何如乎肆其攫取則搏人於巢採人於窟爪偪人也民為猱升須臾可避民為鼠伏壅蔽可施何

能久乎豈徒畏其首畏其尾任厥吐唾則遺骸於草莽喋血於林木牙偪人也民效尨狐逃竄鼠無術民學鋌鹿擇音何從胡以生乎恨不食其肉寢其皮孰意諦而觀之乃更卹然駭也能言者猩猩狒狒髮者狒狒見之熟矣爾雅所釋有絕有力者焉有與前足者焉或麕也而狗足或狊也而虎足蓋有不可測者而獸已過者蹄猶存狐也而九尾玃也而四角望且驚矣山經所誌有如猿而赤足者焉有如禺而文臂者焉或如牛而八足或如人而虎爪蓋有莫可名者而獸方至者蹄且繼蹄而四者其常也特立者一其蹄人行者兩其蹄鼎峙者三其蹄枝出者五其蹄獸與獸相逐而蹄多蹄與蹄相隨而獸愈多蹄而骨者其卒也合而整者奇其蹄析而半者偶其蹄指而爪者善走之蹄掌

而爪者大力之蹄獸與獸相鬭獸少而蹄多蹄與蹄相疊蹄少
而獸多牛馬犬豕豈盡凡林洪荒乍闢皆得奔騰踶趹於菁密
林深之地故率之皆可以食人魑魅魍魎皆屬陰類混沌初闢
亦且出沒隱現於荒涼寂寞之區故奇之遂稱為常哉洪水時
至地當沮洳孳尾而蹄宛然台堂而蹄宛然毛毨氄毛而蹄更
宛然吾不知許子當此其數十人之踵著於何地也五穀未登
野無隴畝黃壤之土蹄與俱黃赤埴之土蹄與俱赤塗泥黑墳
之土蹄與俱泥俱黑吾不解許子生此其數十徒之屨嚮於何
人也而尚不止此
張茂先博物志郭景純山海經有此特奇無此光趺

蹴爾而與之

與之甚不堪者不止發于声矣夫猶之與人而何止蹴爾耶殆不[illegible]乃其為與也云爾今夫與人者苟非其所甚願亦何所不至哉既不欲以與之者為古義之階而情或有所不得已因而置之于不甚愛惜之地以為吾固有以與之也而與之者之容亦愈不堪矣嘑爾而有所邦受而不但已也夫所謂嘑爾而與者廿于簞食豆羹猶將持而授之也乃更有人焉旁观袖手不復為左思右挈之勞抑其于簞食豆羹猶或詔而食之也乃更有人焉相对々然無復為太息嗟来之語吾見其蹴爾而與之無古者進食之儀令之者大之衣君人者不

家訓一貫錄　下篇

開棄諸饑餓之旁也而與之者則曰以彼當孙呼來之時我則不
屑而資以食羹吾之意也則俛而受之亦其宜烏敢謂吾之趾亢乎
則蹴而與焉而已古者肅客而入東階則先右足西階則先左足不
聞其爲錯然之餐也而與之者則曰以彼當萬死一生之際邀我之
德而一飽有時夫人之華也將俛而就之不暇其何敢與吾之鋏角
乎則蹴而與焉而已于斯時也責之于道如爲連席之陛相以[illegible]朋
邵代奉持之進足之所及者爲籩豆固已見鮑遁之形足之[illegible]不[illegible]
乃者爲食羹然亦無榮辱之鹽膳物委諸草莽總非所以饗顏[illegible]
問諸泥中且至同于啖[illegible]傻使有簋盛之饌而庶哉哉良公角[illegible]闕

以來前就令修拜受之文而一匊可攜亦必鞠躬而後得拯捻之□□
有必受之勢遂凌之以難受之情而處吾與于如不欲與之途正□
乎我不與而人即有不得簞食豆羹之懼至是而向之嘑爾者猶為
未甚矣試觀乞人處此何如也

點染波趣細意熨貼何物文心靈秀至此

蹴爾而

蹴爾而與之　　李廷樞

與之其不堪者不止於乎難矣夫猶之與人也而何至蹴爾耶殆不復成其為與也云爾今夫與人者苟非其所甚願亦何所不至哉既不欲以與之者為市義之階而情或有所不得已因而置之于不忍受情之地以為吾固有以與之也而與之者之意亦愈不堪矣蹴爾固有所弗受而不但已也夫所謂蹴爾而與者其于簞食豆羹猶持持而繼之也乃更有人焉嘗觀袖手不復為左提右挈之勞抑猶或謂而食之也乃更有人焉相對漠然無從為太息嗟來之語吾見其蹴爾也而不謂即其與之也古者進食之儀食居人左羹居人右不聞

何世起處出處庶乎人情

盡所謂手細亦自與

出情類亦可羨

棄諸塗蹊之嗟也而與之者則因以救嘗蹴嘑無激之時矣則不棄
而資以食蔑吾之惠也則僂而受之亦宜其焉歟謂吾之趾亢乎古（注勘細惜）
者簡寮而入東階則貴右足西階則先左足不聞其為錯然之履也
而與之者則曰以彼嘗蔦苑一生之榮激哉之德而一飽齊時夫人
之幸也得便而就之不厭其何歟與吾之屢爭于斯時也資其之干（非淺絶妙）（何其悟物乃至此）
道便若重席之陳相以其胙即代奉持之進足之所及者為簞豆國
已見鮑施之形足之所不必及者為食異然亦無潔齋之豐薄物委（韓蘇無窮）
牆草蕪絶非所以饗賓而實聞諸泥中且平同于歟豈假使有嗟嘘（作不于言他妙有暮字中錯此易乃通起下句非纔也）
之意而庶幾式食必將匍匐以來前就令修拜受之文而一夠可攜

亦必鞠躬而後得之因其有必受之勢遂凌之以難受之情而處
吾與於至不欲與之際止恃乎我不與而人即有不得簞食豆羹之
懼至是而向之嘑爾者猶為未甚矣試觀乞人處此何如也
他猶可到也足之所及者為簞豆四語措寫生動乃有前輩人巧
心然君從何處看耶　川瞻先生
無聲有景刻畫細意摹繪攢簇

蹴爾而　李

○○○蹴爾而與之　李廷樞

與之甚不堪者不止發于聲矣夫猶之與人而何至蹴爾耶殆不復（起處當虛眎之人逆入）成其為與也云爾今夫與人者苟非其所甚願亦何所不至哉既不欲以與之者為市義之階而情或有所不得已因而置之於不甚愛惜之地以為吾固有以與之也而與之者之容亦愈不堪矣嘑爾固有所弗受而不但已也夫所謂嘑爾而與者其於簞食豆羹猶將持而授之也乃更有人焉旁視袖手不復為左提右挈之勞抑猶或詔而食之也乃更有人焉相對漠然無復為太息嗟來之語吾見其蹴爾也而不謂即其與之也古者進食之儀食居人左羮居人右不聞

棄諸殘賤之旁也而與之者則曰以彼當疾呼無救之時我則不棄

（細貼）

而貨以食羹吾之惠也即傒而受之亦宜其馬敢謂吾之祉亢乎古

昔肅客而入東階則先右足西階則先左足不聞其為錯然之踐也

而與之者則曰以彼當萬死一生之際邀我之德而一飽有時夫人

之幸也將俛而就之不暇其何敢與吾之爭乎於斯時也寘之于

（祭物乃至此）

道便若重席之陳招以其腓即代牽掖之迹足之所及者為簞豆固

已見踐蹴之形足之所不必及者為食羹然亦無潔齋之望薄物委

者草莽絕非所以饗賓口實問諸泥中且至同于獸畜假使有噬嗑

（前是說蹴者意中說此乃通題下句非謾也）

之意而嗟幾式食必將匍匐以來前就令修拜受之文而一匐可攜

亦必蹴躬而後得施之因其有必受之勢遂凌之以雖受之情而處
吾與於至不欲與之途正恃乎我不與而人即有不得簞食豆羹之
懼已甚而向之嘑爾者猶為未甚矣試觀乞人處此何如也
地猶可到也足之所及者為簞豆四語描寫生動乃有前輩人巧
心然君從何處看耶

蹴爾而　　之

蹴爾而與之　我與

江南張學院歲試　程之銓
江寧一等一名

乞人亦有、屑之心。獨有時昧于為人乞也。蓋蹴爾之簞豆乞也。非禮義之萬鍾。亦乞類也。不屑若彼。不辨若此。何所為之。出乞人下乎。今夫人皆有舍生取義之心。吾不知何所為而世遂多乞人也。雖然于必乞之地。亦有時而不乞者矣。及覺之不必乞之中。則又時動情于乞。處其乞以為已有時而叫而為人。而乞者反不禁其味之耶。則試于行道之人外。再徵之乞人。夫乞人者未嘗有宮室之美也。妻妾之奉也。亦未嘗有所識之相得者也。其窮乏也。甚斯時。豚簞豆于其前。即易嘑爾者為蹴爾之與。而乾身所係。受此簞豆。不啻萬鍾。即

暗七字作貫串

而巧映貫

頓伏下段六是崎法

有謂乞人猶乞乞者乞人亦自辯曰我非無所爲也我所爲在於生
我所爲在惡死焉得謂簞豆于我何加也而乞人則不然乞人蓋辯
之矣蹴爾之與咄我哀詐咄我者不義也義可乞不義則不可乞蹴
爾之與呼我遑當呼我者不義即無禮也乞以禮不乞以非禮吾雖
得之則生弗得則死乎不屑也不屑也乞人耶何其必辨禮義而受
之與行道者同其介之耶苟不是心而辨禮義視萬鍾亦不過簞豆
耳乃今之受萬鍾者乎或焉見有萬鍾遂不見有礼義不見有禮義
并不見有我矣且不見有我惟見有宮室妻妾見有宮室妻妾濃見
有所識窮乏之得我矣苟受萬鍾者彼固曰我有所爲也我受萬鍾

而所為如是萬鍾之加我寔多當大異于乞人之賤也抑知不辨礼義則宮室之美一乞人之宮室耳妻妾之奉一乞人之妻妾耳所識窮乏一乞人之所識耳即此窮乏之得我者舉皆乞人耳而不屑蹴爾之心則更遠出其下矣萬鍾于我何加焉奈何不辨礼義而受之哉吾欲以乞人之不屑合諸行道之弗受而望天下之受萬鍾者也

亦流点法入化

齊人一章恰是此題關鍵天然證據八有筆者乎更自不礙本章書理也老癡善讀孟子斷文有焉　張學使原評

亦是時下穿插之派特其筆妙故能分外靈洞不然穿鑿破碎貽誤文體最為文家所賤萬曆末年風氣今所詆為支賦者正是此種

蘧伯玉使　一章　甲午　郭焌

聖賢之相信也深、得使者而益彰矣。夫寡過未能，此伯玉之心也，而使者傳之、夫子能不嘉歎之哉。昔孔子與蘧伯玉交，蓋嘗稱之為君子。彼其昭昭不伸，冥冥不墮，以馴至于知非入化之間，固生平所熟知者。乃至孔子反魯，獨居之時，適伯玉在衛，相思之日，甚擇人而使也。彼將不見孔子歟？則如將見伯玉也，與之坐，問以何為。此可以見聖賢相與之情焉。乃使則以欲寡其過，而未能對矣。雖伯玉之自道，何以加此。慕嘆此真伯玉之使也已。蓋古者僕御侍從，皆有得于絲毯詩禮之方，而其責不盡于奔走自贊御目為

賤品致私居之難問繫身者還獨標其幾于起居出入之間而驚
實輝光時微達于近習則密其神以相屬而學問之精意乃暢焉
而典籍令爲經此亦即爲倜儻宣之遺意也而其理有關于契結
○其○終○宗○尙一貫○事○之○幾○
之微者矣而古人考道論德又當周于勞倦燕寢之會而其義大
著乎友朋自識規究自平生聲德音之孔昭實心者蓋嘗致其望
○實○主○兩○意○俱○
于山高水長之際而徘徊存問怨隱動其幽懷則味其言而不諠
○說○便○者○一○書○寫○出○　○妙○
而良友之深衷乃勃焉而與嘉賓相睨以亦銷豁諜詢度之流風
也而其機有觸于和平之德者矣實于使乎乎所以于其出而深
賢之也蓋至是而聖賢相尙之道與相信之心又恍然遇之矣盛

其伯玉雖賢。得使者傳之而行益顯。然彼非默默者早已證同心之雅。而孜孜者或殊。非異地之真則輝寄對稱才亦何當於我孔子意哉。紀者直使人欸繫之乎伯玉也。

攝全題於首句中寫使者正是寫伯玉乃覺冰輪朗然一片空明

蔡芳三

予謂轉是會全神於末句耳。其文則醇古澹泊。絕非講運掉者所能夢見。嗚呼。安得即昆貴此文起吾芳三而與之劇論也哉

會詹

着華使字首尾俱到。而伯玉身分自出。題步得此。生面獨闢矣。

近科房行書菁華　論語下卅八　蘧伯玉使　郭

紀曉嵐

辭富居貧辭尊居卑

周茂源

祿之微者固未嘗處于貴也蓋富亦可居而為貧則不可居ゝ貧者
求其辭尊之志也且先王立班祿之典於分職之役所謂利用惠以
致人之力也迺苟道以求食者卒未嘗厚焉此非有所獨靳也委瑣
之志既不能服在大僚則祿亦從其秩耳為貧者必先辭尊居卑夫
尊卑固祿之準也仕宦之貴至于卿相則必祭器不假而賜田擁阡
陌之饒是之謂富ゝ故唯尊者當之猷祕之子役于朝廷則亦家食
無憂而終歲邀升斗之潤是之謂貧ゝ故惟卑者當之茲既辭尊居
卑矣其於貧富所自審也計太宰之詔精難以養廉為義然非為輕

耕太息者於肉食之謀唯是居貧焉而適以得吾素焉蓋觀于草莽之夫食止二驕而吾且索米於縣官亦宛然辭卑居尊矣計天官之駁當恒不使食浮于人夫豈為菽水無資者供滫瀡之具唯是居貧焉而亦以奉吾親焉蓋觀於薦紳之長致粟萬鍾而吾止餬口於下位不依然辭尊居卑乎吾試即辭尊居卑者言之夫一歲九遷入朝者爭嘆為奇遘言乎尊之不可期也夫夫也於人之所不可期而亦不期焉得無患貧乎蓋即其始志本不求聞達于諸侯大官大邑有志者恒且慕遇之明乎尊之亦可致也夫夫也於人之所可致而竟不致焉抑將賀貧乎蓋究其初心本不願要津于入國欲辭富故先

此處不獨王若風流

辭尊思受祿不誣寧容受爵不讓欲居貧故先居卑思免維鵜之誚

不當歌鹿鳴而來意唯有抱關擊柝可為耳舍是何以安其身哉

綰結不難所恨來者遂莫逮此工秀

辭尊居

周

寶藏興焉

徐葆光

有興于山者非徒生物之常矣夫寶藏之興山之不測也而豈徒為生物之常乎且夫物之生于山者而徒草木也禽獸也則山亦覺其朴陋而無色矣不知靈異之藏此所珍重而愛惜者未有不得之于山而謂其猶可測耶吾見夫寶藏之興矣惟山益廣而興焉者亦從而廣故求異者無從于鑿山而始嘆夫山之不愛寶惟山既大而其焉者亦從而大故利用者不必其宮山而已嘆夫山之無盡藏寶有以多為貴者銀錢砮磬產于華陽球琳琅玕欽于雍上荊揚之金皆稱三品也玉石之貢幾徧九州也迨至璐琨之貴且與篠簜供來砮

奚〇挑〇借〇上〇作〇觀〇波〇瀾〇綺〇麗

丹之美亦偕羽毛並獻以珍奇之品不啻與草木禽獸同為尋常日（隔到山之生物）用之需非侈也山之所興者往往聚而不盡自其至多者觀之固不測也寶有以少為貴者弘璧琬琰尋于大訓天球大玉重于河圖祖宗傳之即為宗器也公侯執之即為符瑞也逖至于尋常之材不數徑寸之璧齒牙之富不倖盈握之珍以華美之質而亦獲與草木禽獸廣為服御玩好之用非奢也山之所興者往往間世而一出自其（貝寶乃亦見山）至少者觀之亦不測也蓋深巖窮谷日月之英華必有所聚而不散（又一觀近見人不測）（別之寫山非寫寶）雖有竹箭名材不能獨當也紋縟光耀采即伏于荊榛草莽之間峻（也）嶺崇山精氣之蟠結必有所萃而不渫雖有珍禽異產發之不盡也

故鍾秀毓奇即昂于翱翔游息之地山之生骸必堅其于金玉之性不相遠也故清淑之氣扶輿而傍礡其凝而為山者即溢而為寶山之為物也靈其于塊壘之姿固自相感也而鬱積之久靜極而動故山則為正者而寶則為興焉矣山之不窮于寶也人徒知山能藏寶而孰知其藏輝乎是山之不測也焉矣寶之不窮于山也人莫見其為一拳之寶而孰知其即廣大之寶乎是寶亦不測也一山之生物、其見于寶藏者又如此、

侈陳寶藏何益要見山之生物不測耳中幅借草木禽獸作襯以見山之不測後四股從山寫寶精粟有光亦為此顯伐山之作

寶藏興焉（中庸）　徐葆光

麒麟之於走獸　四句　吳玉綸

得氣之毋故無法不備

即物而歷舉之亦大相懸絶矣盖物不可與民較而與物較並可分其物以相較孟子因論孔子而述有若之言曰有民則有物自然之理也有物而物不一物一定之形也余嘗放懷古今心竊竊往豈獨論夫民之興焉者又豈獨論夫物之興焉者若以物論走者吾知其為獸獸能走麒麟亦走飛者吾知其為鳥鳥能飛鳳凰亦飛峙者吾知其為山丘垤峙泰山亦峙流者吾知其為水行潦流河海亦流由麒麟至走獸不知脛而走者幾萬萬也而麒麟以名由鳳凰至飛鳥不知翼而飛者幾萬萬也而鳳凰以名由泰

至丘垤不知峙者幾何高高下下也而泰山以名由河海至行潦
不知流者幾何源源委委也而河海以名故有走獸而遂有麒麟
有飛鳥而遂有鳳凰有丘垤而遂有泰山有行潦而遂有河海此
固夫人而知之以為信異者也其於異中而見其異乎抑於不異
（孔○）
中而見其卓乎而違而及之是乃於走獸於飛鳥於丘垤於行潦
（四○旅○字○脫○合○而○出）
苟蔑視走獸則麒麟若自為麒麟蔑視飛鳥則鳳凰若自為鳳凰
蔑視丘垤則泰山若自為泰山蔑視行潦則河海若自為河海此
（凡○子）
尤先人而知之推為鉅異者也其無所不異而後以為異乎抑有
（四○之○字○四○於○字○到○此○自○然○一○齊○貫○注○非○行）
所異而即以為異乎而比而同之試思麒麟之於走獸鳳凰之於

○筆○墨○可○名

飛鳥泰山之於丘垤河海之於行潦

此影固要留得住類也本位却將亦類出類層層注到毫不若迹是區區得意處耳自記

莊子淮南子昌黎子合而成此文謝文正公作不及也曹地山

一氣屈曲奔注絕無倩託自成奇觀戴東原

用意懸而不下故縱橫分合隨筆所到都在環中此神於文者也 陳伯思

麒麟

明清科考墨卷集

第三十五册　卷一〇五

麒麟之於走獸 二句 吳鼎科

即動物之異者以例物似可一視者焉夫麒麟鳳凰動物之至異者也乃降而下比於走獸飛鳥不幾可一視乎且天生萬物靈者人而蠢者物物之與人固不可同日而語矣乃偶舉一物而物與物皆相懸且更舉一物而物與物又相絕若徒泥其相懸相絕之形而窮乎心以相揣則天下之物幾莫解其何以各正保合而無遺蓋嘗遍觀宇宙之大俯察品物之盛走者吾知其為獸飛者吾知其為鳥乃走獸之中而又有麒麟飛鳥之中而又有鳳凰何也嘗古唐虞之世麟遊于藪鳳儀于庭仰聞而習見者初不有驚異

丙子江南薦卷

之詞亦遽春秋之時麟也而歎鳳兮而歌震耳而駭目者輒不勝流涕之感若是乎麟之為靈昭昭也（跡、寄、相間）非若犬豕豺狼麋鹿之可一槩而知也鳳凰翔于千仞覽德輝而下之非若燕雀之處堂鷽鳩之決起而飛搶榆枋也然則將謂麒麟為走獸乎麒麟固不同夫凡獸也謂麒麟為非走獸乎麒麟固亦猶是獸也將謂鳳凰為飛鳥乎鳳凰固不等于凡鳥也謂鳳凰為非飛鳥乎鳳凰固亦猶是鳥也（大、[?]、起、議、論、部、葉、、、育、對、針）則吾且比而觀之擬而議之天地清淑之所鍾必不散而布諸飛走之倫而亦嘗毓其奇于飛走之內物之走者其本乎地乎維彼麒麟獨能應地而无疆物之飛者其本于天乎維彼鳳凰獨能應天而時行，乃吾且不論其應天應地之德，而即此本天本地之不一其族，比而覩焉。即令麟與鳳泛而自証，亦幾無以自解于局中。陰陽靈秀之所孕，必不泛而昇諸鳥獸之羣，而亦嘗標其異于鳥獸之屬。名為獸者，其毗于陰乎？繫此麒麟獨得乎陰道之純；名為鳥者，其毗于陽乎？繫此鳳凰獨得乎陽道之粹。乃吾姑勿論夫陽道陰道之全，而即此毗陰毗陽之儀，于其狀擬而議焉。即令麟與鳳出而相參，亦終無以自逃于局外。自古聖君賢相，每不俟談夫符瑞。麒麟出而僅目之為走獸，鳳凰出而僅目之為飛鳥，或以為矯而不知非矯也。麟之趾，其振振矣，未嘗不踐迹而走；鳳之

之於二字醒甚

藻彩紛披

新科墨選　丙子江南

芳草堂

羽其翅翅矣未嘗不振翼而飛則不必麟與麟相比鳳與鳳相比而即此飛者走者亦可相提而並論從來庸夫孺子每不區別夫真偽去獸產而群詫以為麒麟飛鳥至而羣詫以為鳳凰或以為誣而不知非誣也麟雖不履不折謂為仁獸而究不離乎獸鳳雖不食不棲謂為神鳥而究不離乎鳥則更不必麟與鳳相較鳳與麟相較而即此為鳥為獸亦可等量而齊觀麒麟也走獸也鳳凰也飛鳥也類也則試進而推之泰山卯垤河海行潦亦何莫非類乎

不事塗澤為工而出入風雅翛然不羣

鳳凰之於飛鳥

何廷鏞

統論羽族勿問其所以異也夫鳳凰羽族之長也然鳥飛鳳凰亦飛統而論之遑問其所以異昔孔子稟文明之德生枳棘之時以故狂士譏之曰鳳兮鳳兮何德之衰聖人歎焉曰鳳鳥不至吾已矣夫然則孔子雖不以鳳凰自居而人皆知其為鳳凰也人皆知其為鳳凰而弗與凡鳥品彙並傳也（反面擊之論）乃有若知聖借端於物既曰麒麟之於走獸復曰鳳凰之於飛鳥蓋以論鳳凰之德性其去飛鳥也甚遠飲醴（此比開）泉而食竹實自不與燕雀同羣若徒觀鳳凰之翱翔其去飛鳥也無（此比合）幾絕雲霓而負蒼蒼止可與鷙鵰為伍是以翽翽其羽亦集爰止鳳

凰飛也至於鳥有飛而翽翽者有飛而提提者以鳳凰與之絜度焉未見其戢翼而不飛翽翽其羽亦傅于天鳳凰飛也至於鳥有飛集於林者有飛止於阿者以鳳凰與之衡量焉亦鳥能易飛而使走集飛鳥步於後塵方且與附翼之思而要不必附也靈於九德之智不靈於兩翼之舒歛止戢翅在飛鳥何必讓於鳳凰在鳳凰翔於千仞方且絕比翼之望而要無難比也譬於九苞之采不瑞於六翮之奮頡之頏之在鳳凰何必遜於飛鳥鷺飛則西雝鴞飛則泮林鳳凰飛則梧桐毛羽之豐滿有以異乎鳶飛則戾天鴻飛則遵渚鳳凰飛則高岡羽族之差池若是班乎靈鳥凡鳥其飛而已矣

實○說○大○奇

有評

下文類也○原從之於生根本題○之於○原從飛字紐合○不發之於○類也不能棲動○不○擒○飛○字○之○於○究○竟○拋○荒且與上下三句○移模得去○尤非捆題之善法也○股〻做飛○卻○股〻是○做○之○於○股〻做之於○卻○股○〻○是○做○類○也○莫訝其濡滯○春光太早太盡○原評古○岸○置幽穀

鳳凰之　何

麒麟之於 四句

阿學院科試莆田縣學一等十名宋兆元

善觀物者觀不離于物之物焉夫言物必推麟鳳山海然而其能辨走飛峙流中耶有若繼言民而及之也曰爲萬物之靈者人也顧號物之數有萬不獨超乎物者爲靈乎物即物之中亦有表異乎物而不離乎物者則走飛峙流其大槩已（著眼之於二字）今夫走者吾知其爲獸飛者吾知其爲鳥峙者吾知其爲山流者吾知其爲水（走獸飛鳥山水一層）然而不觀麒麟誰輕走獸不觀鳳凰誰蠢飛鳥不觀泰山河海誰知丘垤行潦之爲且小（麟鳳山海二層）嗟乎造物亦奇矣於化育流行中而獨生麒麟生鳳凰生泰山河海（注射聖人）遂使乾坤煥其采帝王呈其瑞六合壯其觀藪則近矣岡則鳴矣高

則小天下深則納萬川而豈曰凡為走飛凡為峙流者若是班乎雖
亦映○乙○類字○三○層○
以籠下類字四○層○　用○字○都○整○典○切○
然將棄而走獸㵘彼羣焉走壙者豈盡深居而簡出將棄而飛鳥㵘
彼豐其毛羽者夫孰不可以高飛將棄而丘垤于潦數彼培塿者學
[illegible]沈刷些於三
山之不至豈曰非山涓涓者學海之不至豈曰非水而使麟鳳山海
虛字以敬起○飛○字○意○五○層○六○層○
之自離其屬也則必麒麟為獸外之祥鳳凰為鳥外之靈泰山為峙
[illegible]字○宗○見○
外之山河海為流外之水也而有是理乎且淮麒麟出而百獸可無
根○柢○
舞也鳳凰儀而衆鳥可無蹌也泰山無不卑之土壤河海有不納之
又挑醒之○於第七層○
細流矣而豈其然乎故謂走者於飛飛者於走峙者於流流者於峙
通篇只○此數句清○還題面
叅而觀之則不可若夫走者於走飛者於飛峙者於峙流者於流此

而觀之何不可然則麒麟之於走獸鳳凰之於飛鳥泰山之於丘垤河海之於行潦類耶不類耶

逆折下類出類二意以挑弄本題之於兩虛字上盤旋如舞如組視彼撥衍點染以爲工者巧拙殆若天淵鈕姚叔度

擘動聖人并下類也出類人所同也佳在意言之間動中窾會與而雅核而巧相見玉茗風流師王友周

麒麟之

麒麟之於走獸 二句

海澄 林 苑漢之

物有可並舉者、即鳥獸可先觀矣、夫麒麟鳳皇、物之至靈也、然不有走與飛者乎、是可先舉而論之、且自化造洩其秘以正氣鍾于

育而

人即以閒氣鍾于物、物之生也、必有物焉以為衆物之長矣、顧有

深縴而曲

長乎物而物、以顯即不必有長乎物而衆物仍顯、夫乃知長乎物者仍從物、而名之也、質處于獨奇形則仍有所屬、固可約舉

不掎寸雖牢利無前

焉而知其不離物以為物也、豈惟民哉、先觀諸物夫物之至靈者

一乘照頭入之於民句着筆上承下注龍

孰有如麟鳳哉、大造何言、止自安其行生之妙、從生知血氣中忽

景一切

焉而有耳得而成聲目遇而成色、舉宇宙之寬而兮陰兮陽遞歷

歷而得指名之可按端倪未啟亦各安其渟悶之天從其生庶彙

龍飛也

間忽焉有數見而不鮮或少見而多怪極幽遐之境而親上親下

龍鱗鳳

遂照：而覺思議之俱窮即如麒麟鳳凰固物之至靈而鳥獸不

清折

敢與同羣矣然而生是使獨者麟鳳之可駕乎鳥獸之上也而概

乎可並舉者麟鳳之不離乎飛走之中也謂物以罕而呈奇則造

抑之欲其與也

物賦形當不勝其分明而鄭重胡既生麟復生鳳此蓋知造物之

絕少成心也既令人俯察而得之後令人仰觀而得之即或明知

之乎二字宜勘而出

為千古罕有而庸俗者偏從想像而得諸若無若有之閒則自有

鳥獸而人：意中遂無不知有麟鳳矣謂物貴先覩以為快則人

間鮮少亦曷嘗不珍于世而斋于家自麟有遊而鳳有舞益知生

舌可謝潮

物之特顯靈奇也既冠乎百家傳記之書復有禨出乎百家傳記

之書即有時偶焉呈瑞而悉數者亦誰敢槩置諸何有何無之例

筆可屈鋸

則自有麟鳳而歷歷能詳乃遂可徐及夫飛走矣律以天地生物

之心知精英每獨鍾于一物使果覆載無私何不令走者皆為麟

運虛于

飛者皆為鳳而必于三百六十中別懸其格以相待以是知飛走

賞放而能番

有靈洵由天授也夫飛走者亦不知其凡幾矣果非任天而動則

獸走鳥飛胡難易位于其間也故舉麟鳳以為發凡之例而六合

之內已覺舉莫能終衡以品物繁生之會知覆育不預設夫成模

偏謂間氣有偏何不令麟獨誇其走鳳獨擅其飛而必于羽屬毛屬之內各奏其能以自效以是知麟鳳分形習焉不覺也（心折欲嘔）夫麟鳳亦共知為不恒有矣使果習見無奇則走獸飛鳥胡不為間世而一出也故舉鳥獸以例無盡之藏而並舉之餘真覺生是使獨然（倒狀以當題勢）而麟之不離走鳳之不離飛各從其類然也夫天下之殊途而同類者又豈獨麒麟鳳凰已哉

清華歷落　府憲張老夫子

旟悍峭拔直可斷蛟剸犀處處為之於二字傳神詞鋒肆起却于題位不溢才識俱臻絕頂　周晴嵐夫子

麒麟之於走獸鳳凰之於飛鳥　　丙子江南　柳　蓁

即物之至靈者可合凡物以參觀也夫麒麟鳳凰物之至靈者也顧猶是走耳飛耳不可與獸鳥參觀乎且萬物之並生也惟人得其秀而最靈而物其蠢焉者也乃于蠢動之中獨具靈奇之質則且與人之最靈者媲美而以凡物例之意者其不靈乎正惟靈也（漆因立章）蠢而猶然物也則不必問其靈不靈而槩謂之為物也可豈惟以造物菁英之氣不能無所獨鍾鍾于人亦鍾于物則雖在毛羣之族而呈祥獻瑞亦若（與雅）而出而應乎歲星鶉火之精天地之交王之德未嘗有所偏畸其秀賦其禎則雖以冥頑之質

一下際亦子任天而私而効其鳴歸走之旅獨不見夫走獸乎
有者吾知其爲牛亂者　其爲馬以及豹狼麋鹿皆獸也以其
走也于此有麒麟焉亦子詳書于春秋麟之爲靈昭昭也吾謂麒
麟凡獸可乎不可也謂麒麟非獸可乎尤不可也麟雖靈靈于獸
不靈于走麒麟之不能不走也即麒麟之不能不獸也已更不見
古辰生青逢
天飛鳥乎燕燕于飛而差池其羽鴻雁于飛而集于中澤推之鷙
鳥振鷺皆鳥也以其飛也于此有鳳凰鳥于彼高岡于彼朝陽鳳
之德固不衰也吾謂鳳凰凡鳥可乎不可也吾謂鳳凰非鳥可乎
尤不可也鳳雖靈靈于鳥不靈于飛鳳凰之不能不飛也即鳳凰

之不能不鳥也已遊于郊而兆聖王之瑞儀于廷而見帝治之降此與器車醴泉同慶禎符而爲曠古所難覯而忽以走獸之屬爲之肖其形投林之儔爲之比其翼非特畀之無甚高論亦且擬之不于其倫麟書鍰自天而開斯文之統鳳鳴不再見而還吾已之嗟久與神龜龍馬共顯休嘉而非尋常之徵應然趾雖仁厚非有外于獸蹄棲必梧桐祇自成其鳥跡則毛虫三百六十皆可步其後應而羽出三百六十亦得隨其高擧是故麟鳳雖云並美而一飛一走要自殊科鳥獸同羣而皆走皆飛究歸一轍豈其民民吾不禁有念于麒麟之於走獸鳳凰之於飛鳥也

对更典扶

再以開合作收

新科墨

頡思由韋撊緒紛　則是文人之業

三上

麒麟之栁

麒麟之於走獸　四句

孫登標

民之外皆物也、可臚舉而合言之矣、夫麟鳳山海幾[?]矣、與耦矣、而物之可以臚舉者尚多也、洎若是以合言之意[?]、有天地然後萬物生焉。盈天地之間者惟萬物。顧龐[?]物醜[?]黟[?]要必有憂[?][illegible]臭與耦言[?]以多類其屬、而後羣物俱退處於下、而區別之勢以成、然物必（矣。筆如椽。）統于所尊、而不生在[?]使獨遠取諸物。錯綜其文[illegible]旋[?]天下之大觀也、則詳於民之外而言物。陰陽煦嫗以來、洪鈞鑄雲爲[?]之形、（筏[?]鼓海鐘驚海上）其[?]角名星、和鳴黄律、天既篤生異瑞、以賁宇宙之文明、而[illegible]於[?]秋令蟲毛、又若以餘氣鍾爲准品、而令博[illegible]雖[?]屬[?]猫[?]

卑莫定以還。大造顯施設之高。嶽配三。公瀆。侯天既比

函。區以立。乾坤。之維。柱而。卷石。稱陵。坳堂。稱水。文若以。磅礴。析為

毫芒。而令。芊方。者常。欲更。僕以。數今試曠觀寰宇。俯察其飛。走潛

淺知其為獸。者我知其為鳥纍纍者我知其為土土注注者我

句法從淮南子脫

汩汩為行瀆而其間含仁懷義。王者至治則出。是謂騏麟大象九

化來

苞。天下有道則見。是謂鳳凰。作雲降雨緜亘無垠。是謂山襟江

亭。湖沿漾無際。是謂河海。是故麟比公子。而鳳亦紀歷正之宮鳳

綺交繡錯

憲齋。龍而麟。亦誌成康之瑞。是合麒麟鳳凰而言也。似宗首行柴

旌而封。山。公。睿。之。川。翕。河。巳。著。懷。柔。而時。邁。奚。居。喬嶽。是合。太。山。

更極五花八門之奇

以海而言也而凡名山大川每毓珍奇之質鳳凰麟角寔稟河嶽
之精是合麟鳳山海而言也至區區走獸飛鳥坵垤行潦殆不可
相提而並論矣雖然形不處於孤而象必觀其會物莫不攝於所
主有麒麟而獸不猶有鳳凰而鳥不獨有太山而峯巒[illegible]有河海
而之明宗實二以錢詔屑下齊於庸陋然主即主其所屬則援麟

虛神寄繪

鳳山海為統例而物之紛紜錯出者政不妨相附以立其質物莫
不顯於所輔有走獸而祥者蓋祥有飛鳥而出類者蓋威太坵垤而
峻者蓋峻有行潦而大者蓋大每下愈況敢云僭擬乎靈奇然皆

逆溯處仍一一倒題精妙

即輔其所尊則合飛走流峙為歸餘而物之緒也常者要不過

乍出以開其先吾是以俛劉夫麒麟之於走獸鳳凰之於飛鳥太
（映合孔子與……矣開）
山之於坵垤河海之於行潦嗟乎魯人獲麟而筆絕於麟楚狂歌
鳳而歎一在鳳而且登泰岱而天下皆小觀大海而細流盡失獨
之以倫諒可不作麟鳳山海觀者然麟不能[illegible]照[illegible]坵鳳不能
不[illegible]而飛之太山之必有事於配林河海之必有事於惡池也不
類之類相與為類物猶如此民獨不然乎

興高采烈卻處處細鍼密縷無一筆滲漏神乎伎矣　原批

雲蒸淋漓異采煥發真有起鳳騰蛟移山倒海之勢　桂生[illegible]鼎　皐先

疾雷轟空長風蹴浪凛耳疊目吁可畏也　劉香山

麒麟之於　二句

安徽學院歲試　太平縣學二名　孫龍章

蟲民於其倫則含生之屬可覩矣夫麟鳳雖異其能自外乎飛走
之倫乎故蟲民者先及之聞之毛蟲三百六十而麟為之長羽蟲
（暨古釋名）
三百六十而鳳為之長長之為言長也于類中見長則相與長之
云耳夫舍短固不足以見長顧絜其短著其長而彼此卒無以相
易此亦有天焉不可強也豈惟民哉民有血氣物亦有血氣獸屬
（[illegible]）
陰而鳥屬陽血氣有不待養而其者而秀穎殊矣究之不盡殊（原評）
秀亦秀于類之中也者　知物亦有心知不親下而飛親上心
知有不待言而喻者　業蠢諦　究之不盡遠也靈非靈于蠢之

外也夫不見麒麟之於走獸[illegible]鳳之於飛鳥乎吾思麟鳳之見異乎天下者亦人皆以[illegible]為耳非必鳥獸託之為麟鳳也乃異莽則從而止則騤者[illegible]其制與麟之而鳳之也鳥獸無能[illegible]

簀山器傑[illegible]之○字○如○鉄○擬議○

麟鳳而自矜其飛走寔則麟鳳未嘗藐鳥獸而自揣其飛走麟鳳所為大其量以收之者也吾思麟鳳之表異于天下者又鳥獸推之為麟鳳耳非必麟鳳自號為麟鳳也乃其聞世一來而非時不

詞○

見者竟不寘自貴其為麟而為[illegible]也麟鳳常若學鳥獸而自妙其

無○媚○源○

飛走寔則麟鳳常若借鳥獸而[illegible]甘飛走鳥獸所為託其守而

都○有○根○據○必○發○為○警○快○

庇之者也浸假而麟鳳之外復有麟鳳則麟有麒而鳳有凰麟鳳

亦無安于鳥獸之群而無以相尚惟無有非稱麟鳳者而麟鳳之（原評：二句照下群照應）
名遂為凡鳥獸之所不得齊浸假而麟鳳之上更有麟鳳則麟有
主而鳳有君麟鳳雖差強于飛走之族而猶以為歉惟無有度越
麟鳳者而麟鳳之品庶為凡飛走之所莫能過有麟鳳而不賞其
為麟鳳者或以為不祥矣或以為德衰矣此非麟鳳之不幸也彼（[illegible]妙）
雖見經于時而珍者自在若將倒而置之謂猶飛走獸之于麒麟（曲盡之于詮妙）
飛鳥之于鳳凰則麟鳳所不受也夫亦順其等以比之于其所不
凡斯得之耳有非麟鳳而竊冒之為[illegible]鳳或則飾之以角矣或
則象之以色矣此非麟鳳之[illegible]也彼雖見誣于世而真者自在

考卷清華三集

原評知擬其說氣妙消筆洲至吉本闕望

若將澗而視之謂猶是麟鳳之于儕偶飛走之于飛走也又論麟

鳳者之所不安也夫亦別其等而涉之于其所不偶斯得之耳要

之超鳥獸而離其群寧絕飛走而立于獨吾知其爲類也且進而

擬之山海

警發超將妙得之于二字後四股瑩片玲瓏直具有陳臨川舌

本也

麒麟之於　二句

江蘇學臺劉　取
上海縣學二名　張熙紳

有靈於飛走者而鳥獸難矣夫麒麟獸之靈鳳凰鳥之靈飛走有此鳥獸其何以堪孟子引有若之知聖者曰人為萬物之靈固也（從。師。古。入。手。擒。題。）猩猩能言不離走獸鸚鵡能言不離飛鳥豈得曰人之於物若是班乎雖然此未就人之所為民者等而上之姑就人之所為民者等而下之有以知鳥獸之去人遠也舍是而以物例物要亦有猶是走而靈於走猶是飛而靈於飛者矣豈惟民哉蓋聞毛蟲三百六十而麒麟為之長麒麟之為靈昭昭也先二龍之繞室崧生嶽降玉書吐闕里之狩獲一角以賜虞木壞山頹繡紱霑哲人之淚

（恰。是。為。孔。子。寫。照。）

趾耶定耶角耶徵其一体已足彰公子公姓公族之仁厚而況具

（咏合奇絶）

体耶縱麒麟不六足而走而感帝之德必與鳳凰之止圖騶翔翔

（互章喻）

焉則攖避間具有一君民矣豈猶狉狉者同其行止與是故麟

畜而獸不狘也顧或攖走獸之蠢於麒麟之靈是雖四其足者不

（互章更奇）

傅之翼直以獸有攀枝瓶麒麟而使之飛可矣曷爲牛驥且不堪

同鬼也故無論乎凡獸既爲麒麟則麕麏未許亂其真騶虞亦止

竊其似而爲遊聖爲歸和邸麒之於麟猶有若狼之顧猙距之負

（并睞到礼楽雁鬼亦見）

蟨也者蓋其賢于走獸遠矣且夫施伯夷姬旦之礼將必有獸見

之而走者彼獨奈何修礼則讓步中規旋中矩彬彬乎遊於垂裳

之世也意者麒麟其遂不得列於走獸耶然而麒麟雖靈於獸究不可謂之非獸雖靈於獸之走究不可謂之非獸之走吾因于民之說進一解曰麒麟之於走獸文聞羽蟲三百六十而鳳凰為之（西大北波瀾壹無非文）長鳳凰之為靈昭昭也天下尚可為道長迷陽猶覽德輝而遊南（字神理）国明王不復作河沉龍馬終棲碧梧以老東方首耶足耶尾耶占其一休已足顯象天象地象籀之文明而況具体耶縱鳳凰不四翼而飛而鳴王之盛必與麒麟之布數課後先焉則翔集間具有一治亂矣豈猶耿耿者同其久速與定故鳳凰畜而鳥不獝也顧或擬飛鳥之泰于鳳凰之靈是雖子之翼者必兩其足直以鳥有

而必驅鳳凰而使之走可矣將為鷄鶩且不容並立也故無論乎凡鳥既為鳳凰則鶩與俱而殊其紫焉與偕而區以青而為鼎〻為足〻即鳳之於凰猶有若鶴從鳩笑雀隨燕賀也者蓋其賢於飛鳥遠矣且夫張九韶咸池之樂將必有鳥聞之而飛者彼獨奈何感樂而集小音金大音鼓讙〻焉儀于盡善之廷也意者鳳凰其遂不得列於飛鳥耶然而鳳凰雖靈於鳥究不可謂之非鳥雖靈于鳥之飛究不可謂之非鳥之飛吾復於民之說進一解曰鳳凰之於飛鳥

組典織雅締虎經龍快覩秘書作態制体如是如是　林藹嵒

麒麟之於走獸

陳　磊

獸而靈者似難與凡為獸者論也、然四靈而麟居其一矣、麒麟之於走獸、其可與凡為獸並論否耶。且自聖王不作而遊郊遊囿之麟不可復見矣、以余聞見所及則僅有吐玉書於闕里一事吾觀於麟而（關映孔子妙能巧合）不覺有懷於一人也、吾懷一人而又不禁忽念及於麟也、且夫、亦（從異字唱入領脈獨真）知麟之所以異者果何如乎、凡獸之屬率多殘暴而麟也獨生草不踐生蟲不履則是有仁之德也、（宣染大雅）凡獸之屬又多愚蠢而麟也獨有道則見無道則隱則是有智之德也、（燕蓄之於字旁）仁且知焉、麒麟之為麒麟不誠甚異乎、今試於走獸之中而問其孰為盛王之瑞、則必曰麒麟、今試於

走獸之中而問其孰為聖世之符則公曰麒麟是故角者吾知其為
牛而惟麟也不可知鬣者吾知其為馬而惟麟也不可知犬豕豺狼（頑華綜勞愈紫）
麋鹿吾知其為犬豕豺狼麋鹿而惟麟也不可知麒麟之為麒麟誠
大異矣雖然無不可知也順風而走者牛也而麟之尾則為牛尾遂
風而走者馬也而麟之蹄則為馬蹄入林而走壙者麕之傑也而麟
之身則為麕身論其德〻各別似當於毛蟲三百六十之外別有以
位置此獸論其性〻亦走僅堪於毛蟲二百六十之中稍有以推崇
（變幻不測頃刻萬狀的是蒙莊化境）
八麟浸假而化麒麟以為牛浸假而化麒麟以為馬浸假而化麒麟
以為犬豕豺狼麋鹿又浸假而化牛化馬化犬豕豺狼麋鹿以為麒

麟聖凡無分靈蠢無分世將曰麟之於麟乎抑將曰獸之於獸乎然以麒麟之於走獸聖凡耳靈蠢耳類不類必有能辨之者（點睛）

逆敲順逼縱筆縮筆俱見宿手至其磊落嶔崎則又非爛熟於古著不能也

麒麟之

陳

麒麟之於走獸　二句　　龍溪　黃瓊琚　佩之

有不離乎飛走者、標至靈而連及之焉、夫麟屬至靈者也、然不能離乎飛走、則獸也、鳥也、安得以有至靈者而遺之、且大順之世、有鳥獸效靈、貢其文守者矣、而祥徵瑞應者、或及置而不言、非畧也、蓋有不経見者、即有不勝述者、而究之因不勝述、而偏舉之、則常者異、而異者亦常、猶之舉其所長、而凡為其所屬者、皆可不必稱名、而悉舉之、蓋物各有所統也、何則、菁華不擇地而生、人得其最靈者、物亦徵其獨異、故帝王應運、造物呈能、不難新一世之見聞、聞之舉甘露醴泉、僅退而安為不愛之寶、物產率真機而動、本乎

（倒○入○奇○横○）
（理○居○最○上○赫○满○天○地○）
（用○分○寵○法○意○亦○）
（猶○人○一○経○運○用○遂○覺○不○祉○天○驚○）

天者親上本乎地者親下故上帝有權陰陽定位亦止完萬古之形〻色〻舉跂行蠕動咸彙而成爾雅之書夫然而麟鳳生焉則（古〇戒）不畜於家先睹之以爲快且鳥獸亦生焉其稱名也小悉數之不能終則微飛走者可連及之矣一謂物以少而見珍則得一已足胡（翻空出奇）既生麟又生鳳且令凡鳥獸亦分形而出也不知天之愛異物每深於愛常物紛〻羣聚恐無紀之則亂故特於賦形開獨表一秀（精〇思〇健〇筆〇奇〇情〇綺〇語〇一〇齊〇奔〇赴〇）靈者以立乎飛走之中此固麟鳳所無如何也一謂異物必當離羣而處乎獨則世不恒有胡既目爲麟鳳即目爲鳥獸且令與凡爲飛走並域而居也不知天既以靈者付之則必令蠢者聽之紛〻

共集恐數見之不鮮故特于誕降間有獨耀其文明者以呈乎飛走之內斯又鳥獸所無如何也且夫兩大之呈奇也旅獒貢於西域白雉獻於越裳推之而兩驗商羊經傳龍燭珍禽奇獸有非博

鎔○鑄○獨○運○分○外○鮮○明

物所能詳彼遊帝囿而鳴岐山宇宙咸知幾欲僅等諸恒有之數又況不能舍飛走而別顯奇踪也所以精秉鶉火質生丹穴而仍襍乎含生負氣之羣夫何不可與窟處巢居並煥乾坤之異采抑

擲地　金○聲

聖世之呈祥也四靈可以爲畜百獸徵其率舞彼夫河中莫睹歸

叅○伍○以○盡○其○妙○鼓○舞

昌孰聞翽羽麏身止堪想像而始得惟馴不狘而擾不獝咸若所

以○盡○其○神○般○有○畫○詩　宿○物

徵幾欲並分莫再之祥又况廿此飛走而初無異質也所以告象

麒麟之　黄

不履枳棘不棲而仍才予呴未胎蘇之際夫何不可與胎生卵化

整兮以暇麗兮

共覡天地之絪緼是　合之外存而不議焉自靈蠢彼分而破

則

獍梟飛不妨分大造於一息宇宙之大何所不有也自靈奇有屬

而雲從風應亦同為作覩於兩間則試於民之外奚連而及之曰

麒麟之於走獸鳳凰之於飛鳥

下筆如雨吐氣成虹　府憲張鶴山夫子

詞源倒流筆陣橫掃騰龍虎之氣破蟋蟀之鳴此文中威鳳祥

麟也　周晴嵐先生夫子

鳳凰

程樹

一物而二名、又得之羽族之長焉、夫鳳也、猶之麒也、凰也、猶之麟也、彼一物而二名者、麒麟而外、不又有鳳凰乎、且凡物爲一族之長者、以其特立而無與之匹儔也、乃雖同名之爲長、微獨此族之長、不同于彼族之長、即同長乎一族、亦有同而異、異而同焉者、則麒麟之外、厥惟鳳凰、自伶倫造律、鳴辨雌雄、知鳳之必有凰也、即卷阿來止、翽翽雝喈、知凰之必隨鳳也、將以鳳凰爲若是同乎、安寧則見、孝悌則巢、還而望之、則鳳凰、凰即而睨之、則鳳自鳳、而不同于凰、凰自凰、何不同一面也、非以鳳凰爲有以異乎儀于虞廷

一篇主意

又大段議論

暗承復起

跟上句字生

況開中出

液

宋不同○適○標○出○題○一○層

跟上異字生波

止于阿閣作而之則凡即凰凰即鳳也徐而察之則鳳非凰而究不得謂鳳之異于凰凰非鳳而究不得謂凰之異于鳳也當其具九苞之質鳳一凰凰一鳳誰得而辨之惟鳳知凰惟凰知鳳也究其備六象之輝鳳之外止一凰凰之外止一鳳誰得而似之惟鳳可以匹凰惟凰可以耦鳳也不見夫翔千仞者鳳然而凰何獨不然乎奮志高騫均不屑為凡鳥之鵠不見夫覽九州者鳳先而凰亦豈獨後乎鼓翅遠奮又不止為南徙之鵬則試執羽族而問之曰有能噦噦其羽而傳于天如鳳凰者乎有能集高岡而棲朝陽如鳳凰者乎蓋猶是鳥之類也而鳳凰獨出矣猶是鳥之萃也

而鳳凰獨拔矣

徒就鳳凰二字徵典。雖極富贍。與題何涉。更妙能切定本題。廻環往復。而下意自在含蓄中。清辦滔滔。不屑拾人牙後語。　汪雲橋

典制文液

伶倫　漢書黃帝使伶倫自大夏之西崑崙之陰取竹之解谷生其竅厚均者斷兩節間而吹之以為黃鍾之宮制十二筒以聽鳳凰之鳴雄鳴為六雌鳴亦六比黃鍾之宮而皆可以生之是為律本

卷阿　卷阿之詩鳳凰于飛翽翽其羽亦集爰止又鳳凰于飛翽翽其羽亦傅于天又鳳凰鳴矣于彼高岡梧桐生矣于彼朝陽菶菶萋萋雝雝喈喈

虞廷　書簫韶九成鳳凰來儀

阿閣　黃帝時鳳凰巢阿閣

九苞　田苞々眼合度耳聰達舌詘伸色光彩九短周距銳鉤音激揚腹文

六象　頭象天目象日……翼象……風……象……尾緯

千仞　賈誼弔屈原鳳凰翔于千仞兮覽德輝而下之乞

典制文液

天老對黃帝言……鳳……

則能覽九……

麒麟之於 四句　戴文熾

相提並論[illegible]人羣分焉蓄民之外有人麟鳳山海之族其相[illegible]
以數計今且自麟書吐而歌鳳比德泰山登而覩惟言久矣
吾人之願學自有在也願邁堯舜軼百王肯賢[illegible]
有之物亦宜然則吾又得諸有子之論民矣其言曰[illegible]者之於牛
也鱗者[illegible]也統而名之曰走獸耳而獨有獸焉音中律屈中
兕桌[illegible]之為精吁嗟公子以來遊則麒麟[illegible]高據[illegible]有
乎矣在飛則有鳩矣概而稱之曰飛鳥耳而獨有鳥焉[illegible]
運日揚九苞之彩色瑞應帝王而一出則　熾橋桐

秋潭艸

秋渾艸

區卯埡崎焉無與相較多少耳、者之其　一旦與

肖寸而雲、與崇朝而雨已遍乃始仰止而嘆曰于山曰不

漢、一則行流分焉無與相形絀忽消、自之盡歎矣及一旦

與之學、矣知畔岸浩乎莫測津涯乃始望洋而嘆曰下水

見河海之大天成象地成形浸假驚麒麟而使之翔假鳳皇

而使之驟浸假鞭泰山而使之蕩浸假障河海而使之殺吾知是

數物者各挾其能一若成乎性生而不可以相易　言常謂言聖

浸假而化為鶉之蹏為仁趾浸假而化為飛鳥之翮為覽輝浸

魯江埡之　知危峯浸假而漲行潦之一波為巨浸吾知是數物

麒麟之於　四句　戴文熾

去六故步一、沿戌于幻景而且月之抑矜麒麟步遠空驚駭

彎矣原皇安 [illegible] 閃燕雀第怡堂矣黍 受土葚指趨尚騫消

海納細流溝渠猶漫溢矣則安得不示走獸以麒 況飛鳥以

鳳詒丘垤以泰山廣行潦以河海毛蟲必有長雖謂莫奇于走獸

而麒麟可羅也羽族必有靈譚云莫寡于飛鳥而鳳 [illegible] 也三

公何之 [illegible] 矣峻乎丘垤而泰山易類也所谷何以王執稱莫

矛于 [illegible] 而河海易竭也則易弗極言麒麟之于走獸鳳皇之於

飛鳥泰山之於丘垤河海之於行潦

許多累重字以議論點綴 [illegible] 黃河之 [illegible]

秋潭艸

秋潭艸

流俱下矣○類而不類可類而類只在　評究無

犯流潛〻嚶聽之令人忘思終〻不知物情安所託也而

江